Ruhrgebiet für Kenner

Ruhrgebiet für Kenner

Wahres, Rares, Erstaunliches

Rolf Kiesendahl
Sylvia Lukassen

Ellert & Richter Verlag

Wahres ...

Rares ...

Erstaunliches …

Vorwort

Nach dem Mega-Kinoerfolg mit „Titanic“ musste sich Weltstar Leonardo DiCaprio mit Basecap und Sonnenbrille tarnen, um unerkannt seine Oma in Oer-Erkenschwick besuchen zu können. Absolute Geheimhaltung strebte auch der Duisburger Anwalt und Notar Eberhard Spiecker an, dem in den 1980er Jahren eine wichtige Rolle als Vermittler zwischen den verfeindeten nordirischen Bürgerkriegsparteien zukam. Dagegen beschwerten sich tausende Gelsenkirchener lauthals darüber, dass sie auf der meistbefahrenen Straße der Stadt ständig von der Glückauf-Schranke ausgebremst wurden.

Das sind nur drei Fundstücke aus dem unermesslichen Schatz an Geschichten und Anekdoten des Ruhrgebiets, mit denen sich ganze Regalreihen füllen ließen. Da wären zum Beispiel die Erlebnisse der Industriellentochter Clärenore Stinnes, die von 1927 bis 1929 als erste Frau im Serienauto um die Welt fuhr und dabei haarsträubende Abenteuer überstand. Oder der formidable Gin, den die Zisterzienser-Mönche in Bochum-Stiepel kreierten, um ihr Kloster zu finanzieren. An den Kraken Paul, das Tentakel-Orakel der Fußball-WM 2010, erinnern sich bestimmt noch viele.

Nicht minder interessant sind die Geschichten, die seltener erzählt werden. Von den Hexenprozessen im Vest oder von der Modemetropole, die Gelsenkirchen in den 1950er Jahren tatsächlich einmal war. Dass die Oberhausener den Regierungspräsidenten bei der Erweiterung des CentrO raffiniert austricksten und die

Wikinger 883 Duisburg überfielen, gehört vermutlich nicht zum allgemeinen Kenntnisstand.

Gehen Sie also mit uns auf Schatzsuche. Sie werden Wahres, Rares und Erstaunliches finden – in Form von prallen, garantiert lesenswerten Geschichten aus dem Revier.

Sylvia Lukassen und Rolf Kiesendahl

Wahres …

Es gibt Geschichten,
die sind so unglaublich,
dass sie gar nicht wahr sein können –
sind sie aber.

Mit 50 PS um die Welt

Die Mülheimer Industriellentochter Clärenore Stinnes widersetzt sich allen Konventionen und begibt sich 1927 auf eine abenteuerliche Reise.

Hätte, hätte, Fahrradkette. Wenn der Mülheimer Industrielle Hugo Stinnes (geb. 1870) nicht schon mit 54 Jahren gestorben wäre, hätte seine Tochter und Vertraute Clärenore (geb. 1901) vermutlich die Führung des Montan-, Industrie- und Handelskonzerns übernommen. Doch neben zwei Schwestern hatte Clärenore vier Brüder, die nach dem Willen von Mutter Cläre Stinnes die Chefsessel einnehmen sollten. Die Lieblingstochter des Vaters musste sogar gänzlich aus dem Konzern ausscheiden – die Zeit war halt noch nicht reif für eine Frau an der Spitze.

Als Reaktion darauf zeigte Clärenore Stinnes der Männerwelt im übertragenen Sinne den Mittelfinger – und wurde Rennfahrerin. Bis 1927 stand sie unter dem Namen „Fräulein Lehmann" 17-mal ganz oben auf dem Treppchen und avancierte damit zur erfolgreichsten Pilotin Europas. Doch ihr größtes Husarenstück war zweifellos die Weltumrundung mit einem für heutige Verhältnisse schwachbrüstigen Serienauto.

Dass die zierliche Abenteurerin für die Rolle als Tochter aus bestem Hause ungeeignet war, zeigte sich schon früh. Puppen waren nicht ihr Ding, lieber spielte sie mit Zündkerzen und wusste mit 13 Jahren schon fast alles über Autos und Motoren. Sie rauchte Kette, trug Hosen und setzte sich frohgemut über Konventionen

Die Mülheimer Industriellentochter Clärenore Stinnes fuhr von 1927 bis 1929 als erste Frau mit einem Serienauto um die Welt und wurde begeistert gefeiert.

hinweg. „Ach Gott, ich will die Welt aus eigener Anschauung kennenlernen“, sagte sie einem Reporter, der sie nach ihren Motiven für das gewagte Unternehmen gefragt hatte.Ihre Familie war allerdings nicht davon begeistert und rückte die 100.000 Reichsmark nicht heraus, die sie für die Tour veranschlagt hatte. Kein Problem für Clärenore. Sie wandte sich an Firmen wie Bosch, Continental und den späteren Aral-Konzern. Als Gegenleistung sollte sie im Ausland für die Qualität von Produkten made in Germany werben. Das enorme Interesse, das die deutsche und internationale Presse dem Unternehmen entgegenbrachte, dürfte den Sponsoren ebenfalls gefallen haben. Unterstützung kam auch vom Außenministerium und den deutschen Auslandsvertretungen der besuchten Länder.

Als Gefährt stand ein vom Hersteller geschenkter Adler Standard 6 zur Verfügung, der erst kurz vor dem Start in Serie gegangen war: eine ganz normale dunkelgrüne Limousine mit 50 PS und Dreigang-Getriebe. Einziges Zugeständnis war, dass Liegesitze eingebaut wurden – man wusste ja schließlich nie, wo man übernachten würde.

Am 27. Mai 1927 startet die kleine Expedition, zu der auch zwei Techniker im Begleit-Lastwagen und der schwedische Kameramann Carl-Axel Söderström gehören, denn die Reise soll auch filmisch dokumentiert werden. „Im Auto durch zwei Welten" heißt der Film, der 1931 auf die Leinwand kommen wird. Den gleichen Titel trägt auch das Buch von Clärenore Stinnes.

Die Tour selbst gleicht – etwas übertrieben – einem Indiana-Jones-Film. Das Team durchlebt höllische Hitze und eisige Kälte, es geht über Sand und Geröll, durch unbekannte Gegenden ohne Straßen – und demnach ohne Karten, Tankstellen und Werkstätten. Hungrige Wölfe am Wegesrand. Betrunkene Männer, die mit dem Messer drohen.

Über den Balkan fährt sie zunächst nach Moskau, wo der erste Techniker aufgibt. Der zweite folgt wenige Etappen später. Im russischen Irkutsk muss das kleine Team zehn Wochen warten, bis der Baikalsee endlich zugefroren ist. Während der Überfahrt tun sich dennoch immer wieder Spalten auf, vor den Augen von Stinnes und Söderström versinkt ein Schlitten samt

Pferd im See. Da hilft nur noch Vollgas. Mit knapper Not erreichen die beiden das rettende Ufer. Von nun an duzen sie sich.

Lebensgefahr auch in der Wüste Gobi, wo Hunghutzen, chinesische Warlords, die Wagen verfolgen. Plötzlich gerät das Begleitfahrzeug in Brand. Auch eine Feder bricht. Erst als die Hunghutzen schon in Sicht sind, ist die Reparatur gelungen. Auf den letzten Drücker flieht das Paar.

Peking wird schließlich erreicht, über Japan und Hawaii führt der Weg auf den amerikanischen Kontinent. Durch Süd- und Mittelamerika geht es über Buenos Aires weiter über die Anden – wo der Weg manchmal frei gesprengt werden muss und die wohl härteste Prüfung wartet. Um die steile Schotterpiste – Steigung bis 60 Grad – per Handflaschenzug zu überwinden, fehlt den völlig Erschöpften die Kraft. Außerdem ist der Kühler leer – Stinnes und ihr letzter Begleiter haben das Wasser getrunken. Vier Tage irren sie durch die Anden. Endlich wird eine Hacienda erreicht, wo Stinnes Hilfe für ihren fiebernden Kameramann findet. 20 Peruaner schleppen dann den Standard 6 ab.

Weiter nach Valparaiso in Chile und von dort über das westliche Mittelamerika und die USA nach Vancouver in Kanada. Quer durch die Staaten fahren beide nach Washington D.C., wo US-Präsident Herbert Hoover ins Weiße Haus einlädt. Fast schon erholsam mutet der Rest der Reise an: von New York mit dem Schiff nach Le Havre, von dort weiter nach Berlin, wo sie am 24. Juni 1929 nach 46.063 Kilometern von einer begeisterten Menge begrüßt werden. Damit auch Söderström entsprechend geehrt werden kann, fahren sie weiter nach Stockholm und haben schließlich 49.244 Kilometer auf dem Tacho.

Auch menschlich sind sich die beiden auf der lebensgefährlichen Tour nähergekommen. Söderström lässt sich scheiden, heiratet Clärenore Stinnes und lebt künftig mit ihr auf einem Gutshof in Südschweden. Neben drei eigenen Kindern ziehen sie mehrere Pflegekinder groß. „Ich würde die Fahrt heute nochmal machen, wenn ich dadurch Russen, Europäer und Amerikaner in einer Einheit zusammenschweißen könnte. Dann würde ich das trotz meines Alters nochmal machen. Selbst wenn ich auf der Strecke bleiben würde“, sagt sie 1986 in einem Interview.

Am 7. September 1990 stirbt Clärenore Stinnes in ihrer neuen Heimat Schweden.

Stinnes-Konzern

Der von Hugo Stinnes 1893 gegründete Montan-, Industrie- und Handelskonzern gehörte zu den größten Wirtschaftskonglomeraten Deutschlands und expandierte vor allem nach dem Ersten Weltkrieg. Stinnes, der mit einem Kohlenhandel begann, verstand es meisterhaft, die Schwerindustrie mit anderen Wirtschaftszweigen zu verflechten und war an vielen Firmen beteiligt, unter anderem als Mehrheitsaktionär bei RWE. Heute ist die Stinnes GmbH nach wie vor ein bedeutender Handelskonzern, während der bestehende Logistik-Konzern Stinnes AG nur noch den Namen des Industriellen trägt.

Tipp

Nur wenige hundert Meter vom Kirchenhügel in der Mülheimer Innenstadt entfernt liegt der Altstadt-Friedhof, der um 1800 von Napoleon angelegt wurde. Viele bedeutende und wohlhabende Mülheimer Familien fanden hier ihre letzte Ruhestätte, darunter auch führende Mitglieder der Dynastien von Stinnes und Thyssen. Der Gang vorbei an den eindrucksvollen Grabmälern gleicht einem Streifzug durch die Wirtschaftsgeschichte Mülheims.

Altstadtfriedhof
Kettwiger Straße 75
45468 Mülheim an der Ruhr
www.muelheim-ruhr.de

Gastro-Tipp

Am Fuß der Altstadt, direkt hinter dem Torbogen nahe der Petrikirche, liegt die „Mausefalle". 1655 gebaut, gehört das Fachwerkhaus mit seinem Gewölbekeller, Schankbereich und dem Restaurant zu den kulinarischen Schwergewichten Mülheims.

Mausefalle
Bogenstraße 8
45468 Mülheim an der Ruhr
T. 0208 3059860
www.mausefallemuelheim.de

Kohle für Kunst – Kunst für Kohle

Recklinghäuser Kumpel halfen im Winter 1946/47 den Hamburger Theatern. Die Künstler bedankten sich mit Gastspielen. Das war die Geburt der Ruhrfestspiele.

Hamburg sei Dank! Denn ohne den Verwaltungsdirektor des Deutschen Schauspielhauses Hamburg, Otto Burrmeister, und den Betriebsratsvorsitzenden der Hamburgischen Staatsoper, Karl Rosengart, würde es die Ruhrfestspiele in Recklinghausen nicht geben. Hätten nämlich diese beiden wagemutigen Herren im Hungerwinter 1946/47 es nicht geschafft, die Hamburger Theater mit Hilfe der Kohle aus dem Ruhrgebiet vor dem Untergang zu retten, würde das älteste und inzwischen eines der größten und renommiertesten Theaterfestivals in Europa nicht Jahr für Jahr Zehntausende Menschen unterhalten, faszinieren und bereichern. Kurzum: Das kulturelle Leben in Deutschland und Europa wäre erheblich ärmer.

1946/47 war einer der härtesten Winter des 20. Jahrhunderts. Deutschland, nach dem Zweiten Weltkrieg in vier Besatzungszonen aufgeteilt, lag in Schutt und Asche. Die Menschen lebten in Trümmern. Die Temperaturen fielen bis auf minus 20 Grad Celsius. Nahrung gab es kaum und Heizmaterial ebenso wenig. Im Ruhrgebiet fehlten die Kumpel auf den Zechen. Viele Männer waren gefallen oder noch in Kriegsgefangenschaft. Dennoch wurde auf etlichen Pütts Kohle gefördert, zum Beispiel auf König Ludwig Schacht 4/5 in Recklinghausen-Suderwich.

Das Dankeschön-Gastspiel der drei Hamburger Bühnen gab den Impuls für die Ruhrfestspiele in Recklinghausen. Daraus entstand ein Kulturfestival, das seit vielen Jahren europaweit beachtet wird.

Otto Burrmeister und Karl Rosengart waren mit zwei holzgasbetriebenen Lastwagen von der Elbe Richtung Ruhr aufgebrochen, um bei den dortigen Zechen um Kohle für die Theater zu bitten. Dass sie zuerst auf König Ludwig stießen, war purer Zufall. Und dass die Kumpel dort sofort bereit waren, den Theaterleuten zu helfen, war ein glücklicher Umstand. Mehrmals wurden die Lkw illegal mit Kohle beladen, solange bis die Militärpolizei die Aktion beendete.

Im Sommer 1947 bedankten sich Künstler der Hamburgischen Staatsoper, des Philharmonischen Orchesters und des Thalia Theaters für die „Kohlehilfe". Im Saalbau Recklinghausen wurden die Mozart-Oper „Figaros Hochzeit" und das Lustspiel „Das verschlossene Haus" von Michael Harward aufgeführt. Die ersten Ruhrfestspiele standen unter dem Motto „Kunst für

Kohle“. Hamburgs Erster Bürgermeister Max Brauer sagte in seiner Festrede vor den Bergleuten von König Ludwig: „Ja, Festspiele im Kohlenpott vor den Kumpels. Ja, Festspiele statt in Salzburg in Recklinghausen.“ Noch im selben Jahr gründeten die Stadt Recklinghausen und der Deutsche Gewerkschaftsbund die „Ruhrfestspiele Recklinghausen GmbH“.

Die Ruhrfestspiele machten Karriere. Die Eintrittspreise wurden niedrig gehalten, damit jedermann sich Theater leisten konnte. Gespielt wurde an verschiedenen Orten. 1965 schließlich wurde das moderne Ruhrfestspielhaus auf dem grünen Hügel des Stadtparks eingeweiht. Die Festspiele, die seit 1977 jeweils am 1. Mai mit dem Kulturvolksfest auf dem grünen Hügel eröffnet werden, dauern sechs Wochen. Das Programm konzentrierte sich zunächst auf klassisches Sprechtheater und bis 1953 auch auf Opern. 1952 – Otto Burrmeister hatte die Leitung der Spiele bis 1965 inne – wurde erstmals Gegenwartstheater aufgeführt. Das Programm wurde um Konzerte, politische Veranstaltungen und Kunstausstellungen erweitert. Als im Jahr 2003 Frank Castorf die Leitung übernahm, schlitterten die Ruhrfestspiele in eine handfeste Krise. Experimentelles Theater – das fiel beim Publikum durch. Und der Chef auch.

Mit Frank Hoffmann, bis dahin Intendant des Luxemburgischen Nationaltheaters, wendete sich das Blatt wieder. Er fand die richtige Mischung zwischen Bewährtem und Neuem, etablierte das Fringe-Festival mit Kleinkunst-, Zirkus- und Musikprogramm. Das eigentliche Ziel der Ruhrfestspiele, verschiedene Kunstformen, Sprachen und Kulturen zusammenzubringen, wurde deutlicher denn je. Große Freiluftkonzerte auf dem grünen Hügel, großartige Inszenierungen im Festspielhaus und weltbekannte Künstler sowie junge, aufstrebende Theaterleute machen die Ruhrfestspiele zu einem Kultur-Event ersten Ranges. 318 Aufführungen im Sommer 2012 und 81.000 Besucher im Sommer 2015 sind herausragende Rekorde.

Seit 2017 leitet Olaf Kröck die Ruhrfestspiele, die 2020 erstmals in ihrer Geschichte ausfallen mussten. Die Corona-Pandemie hatte vor der Kultur keinen Respekt.

„Chapeau – Hut ab" sagen die Kulturschaffenden vor den mutigen Hamburgern Burrmeister und Rosengart und den Kumpeln von König Ludwig 4/5. Als Zeichen der Freundschaft steht heute eine halbe Seilscheibe aus dem Ruhrgebiet vor dem Gewerkschaftshaus in Hamburg.

Das Festspielhaus liegt mitten im schönen Stadtgarten von Recklinghausen, direkt am grünen Hügel, wo das Kulturvolksfest stattfindet. Architekt des modernen Gebäudes mit seiner imposanten Glasfront ist Felix Ganteführer.

Festspielhaus
Otto-Burrmeister-Allee 1
45657 Recklinghausen
T. 02361 918401
www.ruhrfestspiele.de

Gastro-Tipp

Suberg's im Stadtgarten, Biergarten und Café am Festspielhaus

www.subergs.de

Paul, das WM-Tentakel-Orakel

Ein Krake in Oberhausen war der stille Star der Fußball-WM 2010 in Südafrika. Der Oktopus sagte den Sieger voraus.

Er gehörte zu den stillen Stars der Fußball-WM 2010 in Südafrika: Paul, der Krake. Mit stoischer Ruhe sagte er voraus, wer die Spiele mit deutscher Beteiligung und wer das Finale gewinnen würde – und lag dabei immer richtig. Uns bleibt vor allem das nervige Dauergetröte der Vuzuelas im Gedächtnis. Außerdem: ein stolzer Gastgeber, dem die WM-Austragung 2006 vermutlich von Deutschland vor der Nase weg gekauft worden war. Fußball-Arenen, für die es nach dem Turnier keine Verwendung mehr gab. Und eine deutsche Auswahl, die sich sehr achtbar schlug und erst im Halbfinale gegen den späteren Weltmeister Spanien ausschied. Dies alles ließ Paul, das Tentakel-Orakel aus dem SEA LIFE Aquarium in Oberhausen, aber völlig kalt.

Nun sind die Ausdrucksmöglichkeiten eines Oktopus' zwar begrenzt – aber kein Problem für die pfiffigen PR-Spezialisten, die sich das „WM-Orakel" hatten einfallen lassen. So wurden Tage vor einem Spiel zwei durchsichtige Boxen mit Futter in Form einer Miesmuschel in Pauls Becken gesenkt. Auf jeder Box prangte die Nationalflagge eines der beiden Konkurrenten. Jetzt kam es darauf an, aus welcher Box der Krake sein Futter nehmen und so den Sieger vorhersagen würde.

Mit traumwandlerischer Sicherheit wählte Paul tatsächlich acht Mal in Folge die Box mit der Flagge des späteren Siegers aus. Er sagte die Erfolge von Jogi Löws

Truppe gegen Australien, Ghana, England, Argentinien und Uruguay ebenso voraus wie die Niederlagen der deutschen Elf in der Vorrunde gegen Serbien und im Halbfinale gegen Spanien.

Am 9. Juli 2010 prophezeite Paul sogar, das Spanien das WM-Finale gegen die Niederlande gewinnen würde. Zu diesem Zeitpunkt berichtete längst jede Zeitung und jeder Sender über Paul. Die seherischen Fähigkeiten des Kraken machten weltweit Schlagzeilen.

Nach der WM wurde es wieder still um Paul. Wahrscheinlich beschäftigen seine Vorhersagen nur noch Experten für Wahrscheinlichkeit. Was bleibt, ist ein Imagegewinn für SEA LIFE und Oberhausen, ein renommierter PR-Preis, den die Agentur 2011 erhielt – und die Erkenntnis, dass über Fußball nicht immer bierernst berichtet werden muss.

Der Krake Paul lebte bis zu seinem Tod in der faszinierenden Unterwasserwelt des größten Aquariums dieser Art in Deutschland. Dort sind in über 50 Becken mehr als 5000 Meeres- und Flussbewohner zu Hause.

SEA LIFE Oberhausen
Zum Aquarium 1
46047 Oberhausen
T. 0180 666690101
www.visitsealife.com/oberhausen

Zwei Malteser zu viel

Bundesliga-Schiedsrichter Ahlenfelder pfiff schon nach 30 Minuten zur Halbzeit.

Heute sind die Bundesliga-Schiedsrichter athletische, asketische Typen, die während des Spiels bis zu 13 Kilometer laufen müssen.

In den 1960er und 1970er Jahren war das nicht so wichtig, da kam es mehr auf die Autorität der Pfeifenmänner an. Für eine der schönsten Anekdoten aus dieser Zeit sorgte der gleichermaßen beliebte wie beleibte Schiri Wolf-Dieter Ahlenfelder aus Oberhausen.

Vermutlich haben die aktuellen Referees ihr eigenes Fitness- und Ernährungsprogramm, um beim immer schnelleren Spiel auf Ballhöhe zu bleiben. Wolf-Dieter Ahlenfelder, damals 31 Jahre alt, vertraute dagegen auf deftige Hausmannskost. Zumindest am 8. November 1975, als er das Spiel des SV Werder Bremen gegen Hannover 96 leiten soll. Während sich die Spieler schon in der Kabine warm machen, sitzt „Ahli“ noch mit den beiden Linienrichtern im VIP-Raum der Werderaner und lässt sich das klassische Essen für solch einen trüben Herbsttag schmecken: Gänsebraten mit Rotkohl und Klößen, so erzählt es jedenfalls der Oberhausener. Nach Bremer Lesart ist allerdings von Grünkohl mit Pinkel die Rede. Sei’s drum.

Gegen 14.30 Uhr, also eine Stunde vor Spielbeginn, wird der Bremer Schiri-Betreuer allmählich unruhig. Was die drei Herren nicht weiter stört. Vorrang hat für sie das opulente Mahl, das mit mehreren Bierchen und drei Maltesern runtergespült wird. Danach irrt das Trio erst einmal im Stadion herum, weil es die Schiedsrichterkabine nicht finden kann.

Inzwischen ergreift den Schiri-Betreuer leichte Panik, denn der Alkoholgeruch, den Ahlenfelder verströmt, lässt sich nicht mehr verdecken. Also besorgt man rasch eine Flasche Mundwasser, um das Pils-Malteser-Aroma zu kaschieren. In einer anderen Version ist von Wick-Brustsalbe die Rede, mit der man den Spielleiter angeblich einschmiert. Dick aufgetragen wird ihr eine belebende Wirkung nachgesagt. Und vor allem überdeckt sie alle anderen Gerüche.

Das Spiel beginnt pünktlich. Doch nach 29 Minuten pfeift Ahlenfelder zur allgemeinen Verwirrung zur Halbzeit und bewegt sich in Richtung Kabine. Den Linienrichter, der verzweifelt auf seine Armbanduhr zeigt, übersieht er erst einmal. Erst als der Bremer Verteidiger Horst-Dieter Höttges ihn auf den verfrühten

Zu früh abgepfiffen: Schiedsrichter Wolf-Dieter Ahlenfelder aus Oberhausen sorgte für eine der am häufigsten kolportierten Anekdoten der Bundesliga-Geschichte.

Abpfiff hinweist, spürt er, dass hier irgendetwas nicht stimmt.

Folgender Dialog ist überliefert, so Ben Redelings in „50 Jahre Bundesliga“:

Höttges: Schiri, sind Sie sicher, dass schon Halbzeit ist?

Ahlenfelder: Warum denn nicht, Herr Höttges?

Der Bremer zeigt auf sein Trikot. Und sagt: „Mein Trikot, wissen Sie, ist in der Halbzeit immer klitschnass. Und schauen Sie mal, das ist ja noch fast staubtrocken!“

Erst danach beachtet Ahlenfelder den Linienrichter, gibt Schiedsrichterball und pfeift drei Minuten vor der regulären Pause ab. Im weiteren Verlauf der Partie gibt es keine gravierenden Fehlentscheidungen mehr, das Spiel endet schiedlich-friedlich 0:0.

Natürlich rauschte es danach mächtig im Blätterwald: Die Story vom angeschickerten Schiri ging um die Welt.

Wolf-Dieter Ahlenfelder, der 2014 im Alter von 70 Jahren starb, schadete die Sache nicht. Er sollte noch 103 weitere Bundesligaspiele pfeifen und erlangte durch seine menschliche und lustige Art Kultstatus. Dazu gehört auch der „Ahlenfelder“. Wer ihn in einer Kneipe der Hansestadt bestellt, bekommt garantiert ein Pils-Malteser-Gedeck.

Mit dem Teufel im Bunde

Die Westerholterin Anna Spieckermann war das letzte Opfer der Hexenjagd an Ruhr und Lippe.

Beschaulich kommt das Alte Dorf Westerholt daher. Um die Kirche herum führen Gassen und Sträßchen. Hinter den kleinen Fenstern der Fachwerkhäuser, vor denen im Sommer üppig die Geranien blühen, verbirgt sich bürgerliche Gemütlichkeit. Blumenkübel vor den Haustüren. Hier und da eine Bank vor weißgetünchter Hauswand machen das Alte Dorf Westerholt, das heute zur Stadt Herten im Kreis Recklinghausen gehört, zu einer Art Filmkulisse. Zauberhaft.

Und dennoch spielte sich auf diesem schönen Fleckchen Erde mit dem liebevoll restaurierten Dorf vor langer, langer Zeit Grausames ab. Der Magd Anna Spiekermann wurde ab Februar 1705 der Prozess wegen Schadenzaubers gemacht. Am 31. Juli 1706 wurde die 36-Jährige als Hexe hingerichtet und verbrannt. Sie war das letzte Opfer der Hexenprozesse im Ruhr-Lippe-Raum. Allein im für sie zuständigen Gerichtsbezirk (heute der Kreis Recklinghausen) sind von 1514 bis 1706 127 Prozesse wegen Hexerei aktenkundig. Angeklagt waren 104 Frauen und 23 Männer.

„Im Dorf Westerholt war sie die einzige vermeintliche Hexe, aber eine zu viel“, sagt Mechthild Hetterscheidt vom Heimatverein Westerholt. Wer heute bei ihr oder einem ihrer Vereinsmitglieder eine Dorfführung bucht, wird über den Prozess gegen Anna Spieckermann alles erfahren. „Und zwar nicht mal so im Vo-

Anna Spiekermann war das bekannteste Opfer der Hexenverfolgung im heutigen Kreis Recklinghausen. Eine Figur im Heimatmuseum erinnert an ihr Schicksal.

rübergehen. Wir nehmen uns dafür Zeit und beantworten gerne alle Fragen“, so Hetterscheidt.

Was hatte Anna Spiekermann getan? Nichts!

Sie wurde 1670 unehelich auf einem Bauernhof in Sutum geboren. Der Vater war Soldat aus Buer (beide Orte sind heute Stadtteile von Gelsenkirchen). Die

Mutter starb früh. Anna heiratete einen Soldaten, bekam eine Tochter. Doch das Familienglück währte nicht lange. Der Mann fiel. Weder auf dem Hof der Eltern noch auf dem der Schwiegereltern bekam Anna Unterkunft. Sie zog mit der Tochter auf den Kotten der Tante in Westerholt und arbeitete auf verschiedenen Höfen, als sie der nächste Schicksalsschlag traf: Ihr Kind starb.

Offenbar betrachteten die Männer des Ortes die alleinstehende Frau als Freiwild. Im Februar 1705 versuchte ein Westerholter Bürger, Anna zu vergewaltigen. Sie wehrte ihn ab. Der Angreifer rächte sich, indem er im Dorf verbreitete, dass Anna ihm durch Schadenzauber die Manneskraft genommen habe. Das war gelogen, denn schon lange war der Bürger wegen Impotenz in ärztlicher Behandlung. Damit nicht genug: Der Täter und eine Horde junger Männer verfolgten und verprügelten Anna, bis sie angesichts der Pein gestand. Als sie in den Kerker kam und gefoltert wurde, widerrief sie. Doch das half ihr nicht. In dem ungewöhnlich langen Prozess sagten Nachbarn mit hanebüchenen Geschichten gegen die unbescholtene Frau aus. Beweise wurden nie gefunden. So wurde Anna Spiekermann zum „Tode durch das Schwert mit anschließender Verbrennung“ verurteilt.

Im Heimatmuseum Altes Dorf Westerholt begegnet der Besucher der rothaarigen Anna. Steht er ihr gegenüber, befällt ihn ein leichtes Frösteln.

Im Jahr 2002 schrieb der Historiker Ralf-Peter Fuchs, dass es meist Nachbarn waren, die mit erfundenen Geschichten in Hexenprozessen aussagten. Das kostete im gesamten Ruhr-Lippe-Raum, zu dem der

Gerichtsbezirk Recklinghausen gehörte, 198 Menschen, davon 148 Frauen, das Leben. Laut Fuchs waren es nicht die Kirchen, welche diese Prozesse führten, sondern weltliche Behörden. Das Interesse der Bevölkerung an der Verfolgung von Personen, die Schadenzauber ausführen konnten oder mit dem Teufel im Bunde standen, war sehr groß. Als diese vermeintlichen Tatbestände im Strafrecht verankert wurden, waren Folter und Hinrichtung Tür und Tor geöffnet.

Das Alte Dorf Westerholt ist heute Stadtteil von Herten, Kreis Recklinghausen. Auch, wenn es aussieht wie ein Museumsdorf, so ist es doch eine ganz normale, kleine Siedlung.

Heimatmuseum Westerholt
Schloßstraße 34
45701 Herten
T. 0209 359169
www.heimatverein-westerholt.de

Gastro-Tipp

Schöne Anlage mit Hotel, Biergarten und Restaurant in stilvollem Ambiente.

Schloss Westerholt
Schloßstraße 1
45701 Herten
0209 148940
www.schlosshotelwesterholt.de

Plötzlich stand Roy Black vor der Tür

Schlagerstar suchte Ruhe in einer Dortmunder Dachwohnung. Heute ist sie ein kleines Museum und Archiv.

Die Fantasie reicht kaum aus, um den von Millionen Fans umschwärmten Schlagerstar Roy Black ausgerechnet im Ruhrgebiet zu verorten, genauer gesagt: im tiefen Dortmunder Süden. Dorthin zog er sich zurück, wenn ihm der Rummel um seine Person zu viel wurde, dort tankte er Kraft – verborgen vor den Augen der Öffentlichkeit und behütet von seinen Gastgebern und Vermietern Irmgard und Friedhelm Tiemann. Fast 20 Jahre lang hielt das Ehepaar engen, freundschaftlichen Kontakt zu Roy Black, der mit bürgerlichem Namen Gerd Höllerich hieß.

Als der Superstar am 9. Oktober 1991 in seiner Fischerhütte in Oberbayern an Herzversagen starb, setzten die Tiemanns ihrem Freund ein besonderes Denkmal. Sie hielten die Dortmunder Dachwohnung so gut es ging in dem Zustand, in dem Roy Black sie bis zuletzt bewohnt hatte. Gleich nebenan befindet sich ihr Roy-Black-Archiv – mit Bravo-Starschnitt, den Löwen von Radio Luxemburg, vielen anderen Auszeichnungen und mehreren zehntausend Fotos. Zwei Stimmgabeln gehören auch dazu, Filmplakate und ein Goldener Wum aus Wim Thoelkes Erfolgssendung „Der große Preis", die in den 1970er Jahren zum Donnerstagabend-Ritual der Republik gehörte.

„Man stelle sich vor, man sitzt bei Roy Black auf dem Sofa. Linkerhand die Hausbar mit einem rustikalen

Wenn Superstar Roy Black der Rummel zu viel wurde, fand er Ruhe und Frieden in der Dachwohnung seiner Dortmunder Freunde Irmgard und Friedhelm Tiemann. Heute ist sie Museum und Archiv.

Dortmunder Bierfass. Rechterhand ein Tischchen, an dem er gern Tee trank. Im Bad: Sein letzter Rasierpinsel" beschreibt Redakteur Georg Howahl in der Westdeutschen Allgemeinen Zeitung das Ambiente in der geräumigen Dachwohnung und zitiert Irmgard Tiemann, mit deren Schwärmerei für Black alles angefangen hatte: „Es ist so, als ob der Roy gestern hier rausgegangen ist."

Begonnen hatte alles im Mai 1971, als der WDR im Zuge der Eröffnung der Bundesgartenschau eine Abendveranstaltung „Blumen nach Noten" übertragen wollte. Eher zufällig gerieten Tiemanns in die nachmittägliche Probe zur Sendung. Auf der Bühne stand Roy Black und sang „Wo bist Du". Irmgard Tiemann saß in der ersten Reihe, war sofort hin und weg – was auch dem Star nicht verborgen blieb. Wovon sie nicht zu träumen wagte, wurde Wirklichkeit. Roy Black stand plötzlich vor ihr, stellte sich vor und unterhielt sich angeregt mit den Dortmundern. Man fand sich sehr sympathisch.

Fortan war das Ehepaar Stammgast bei Roy-Black-Auftritten, und die drei wurden Freunde. Eines Sonntagnachmittags stand der umschwärmte Sänger vor der Tiemannschen Tür und lud sich selbst zum Kaffee ein. Es wurde spät. Black übernachtete auf dem Sofa und fuhr erst am nächsten Morgen zu einem Termin in Hamburg.

Nach dem Tod des Schlager- und Filmstars – sein bekanntester Film war „Ein Schloss am Wörthersee" – schufen Irmgard und Friedhelm Tiemann ein Museum der besonderen Art, in dem seither viele Besucher, Fans und Prominente ein und aus gingen. Auch Anita Hegerland, damals ein kleines Mädchen, mit dem Roy Black „Schön ist es auf der Welt zu sein" gesungen hatte, schaute vorbei. Später war sie viele Jahre mit Pop-Legende Mike Oldfield verheiratet.

Im verborgenen Roy-Black-Refugium sind Fans auch heute noch herzlich willkommen. Eine telefonische Anmeldung ist erforderlich.

Roy-Black-Archiv-Museum
Maulwurfsweg 45
44267 Dortmund
T. 0231 484046
www.roy-black-archiv.de

Der Lauf seines Lebens

Und ein deutscher Rekord, der seit 1980 besteht. Der Oberhausener Willi Wülbeck schrieb Leichtathletik-Geschichte.

Knapp zwei Minuten, die ein Leben verändern. Am 9. August 1983 steht das 800-Meter-Finale der Leichtathletik-WM in Helsinki an. Mit dabei ist der 28-jährige Willi Wülbeck aus Oberhausen. Seit Jahren gehört er zur Weltspitze, doch zum Favoritenkreis zählt er in diesem Rennen nicht unbedingt. Knapp hundert Meter vor der letzten Kurve wirft der bis dahin auf Platz vier liegende 1,86-Meter-Schlaks den Turbo an, schließt zu den führenden Rob Druppers (Niederlande) und Joachim Cruz (Brasilien) auf und läuft den Konkurrenten mit langen Schritten davon. Eine Sensation, die auch noch von der Jahresweltbestzeit von 1:43,65 Minuten gekrönt wird. Anschließend dreht der Mann aus dem Ruhrgebiet gleich noch eine Ehrenrunde. Seit diesem Lauf seines Lebens gehört Willi Wülbeck zu den bekanntesten Menschen des Reviers. Nicht nur wegen seiner sportlichen Leistung, auch wegen seiner zurückhaltenden, offenen und stets freundlichen Art.

Fast noch lieber als über den WM-Triumph spricht Wülbeck über seinen deutschen Rekord über 1000 Meter, der seit mehr als 40 Jahren besteht und folglich noch nicht geknackt wurde. Am 1. Juli 1980 rennt der Oberhausener im altehrwürdigen Bislett-Stadion von Oslo den Kilometer in 2:14,53 Minuten herunter und wird Zweiter hinter dem Briten Sebastian Coe, der mit 2:13,40 Minuten Weltrekord läuft. Coe, heute Präsident

Mit langen Schritten zum Sieg: Willi Wülbeck zündete bei der Leichtathletik-WM 1983 in der Entscheidung über 800 Meter den Turbo und holte überraschend den Titel. Nicht nur in seiner Heimatstadt Oberhausen ist er bis heute ein Idol.

des Leichtathletik-Weltverbandes, hält damit die Weltrekorde über alle Mittelstrecken. Willi Wülbeck kann sich gute Medaillenchancen für die 18 Tage später beginnenden Olympischen Spiele in Moskau ausrechnen. Der wegen des sowjetischen Einmarsches in Afghanistan ausgerufene Boykott vieler westlicher Nationen durchkreuzt seine Hoffnungen. Dafür sahnt Großbritannien, das seine Sportler in Moskau starten lässt, kräftig ab. Wülbecks Dauer-Konkurrent Steve Ovett gewinnt die 800 Meter, Coe die 1500 Meter.

1986 beendet Willi Wülbeck seine aktive Laufbahn. Menschen bewegt er noch heute: als Organisator von Freizeitläufen, als Fitness-Guru. Und wenn in Quiz-Sendungen nach dem ältesten deutschen Leichtathletik-Rekord gefragt wird, kann er sich ein schelmisches Lächeln nicht verkneifen.

Moby Dick auf falschem Kurs

Schiffer entdecken weißen Beluga-Wal im Rhein. Die Jagd bleibt erfolglos.

Zwei Aufreger kennzeichnen das Jahr 1966: An erster Stelle steht natürlich das umstrittene Wembley-Tor im WM-Finale zwischen England und Deutschland, Sie wissen schon, der Ball war nicht drin. Manch Ältere sind bis heute nicht darüber hinweg.

Gleich dahinter folgt die Geschichte von Moby Dick, dem weißen Wal im Rhein. Am 18. Mai melden einige Rheinschiffer der Wasserpolizei, dass sie bei Duisburg einen weißen Wal in den trüben Fluten des Stromes gesehen hätten. Da die „Waschpoldis" – so heißen die Ordnungshüter noch heute bei Branchenkennern – zunächst auf einen Schnaps zuviel am Steuerruder tippen, müssen die Schiffer ins Röhrchen blasen. Alle sind stocknüchtern. Dann taucht tatsächlich ein Beluga-Wal auf. 300 Kilometer vom offenen Meer entfernt und mehrere tausend Kilometer jenseits seines eigentlichen Lebensraums, den arktischen Gewässern.

Dort war Moby Dick auch gefangen worden, im Auftrag eines englischen Zoos. Doch der Frachter mit dem weißen Wal an Bord drohte im Orkan zu kentern, der Moby Dick wurde vor der Küste von Bord gespült und fand den Weg durch die Wirren des Hafens von Rotterdam, der immer noch der größte Europas ist, tatsächlich in den Rhein.

Solch eine Gelegenheit, einen neuen Bewohner für sein Walarium im Duisburger Zoo zu bekommen, lässt sich Dr. Wolfgang Gewalt natürlich nicht entgehen. Mit

Wochenlang hielt Moby Dick im Frühjahr 1966 die Welt in Atem. Der weiße Wal war von der Nordsee den Rhein herauf bis Rolandseck bei Bonn geschwommen. Tausende Menschen an den Ufern verfolgten seinen Weg – und freuten sich, dass er sich nicht einfangen ließ.

Netzen und Betäubungspfeilen versucht der abenteuererprobte Zoo-Chef, den Beluga unter Kontrolle zu bekommen. Tausende Schaulustige verfolgen das Drama an den Ufern des Rheins. Zeitungen, Funk und Fernsehen vergleichen Gewalt mit Käpt'n Ahab aus Hermann Melvilles berühmten Walfänger-Roman „Moby Dick".

Doch der Moby Dick im Rhein ist wie sein literarisches Vorbild ein gewiefter Geselle. Er dreht um, schwimmt in Richtung Meer zurück, stoppt aber vor der Schleuse Kornwerderzand, die eigens für ihn geöffnet wurde. Erneute Wende: Jetzt gleitet der Wal durch die Wellen und schwimmt rheinaufwärts bis Bonn, wo seinetwegen sogar eine Bundespressekonferenz abgebrochen wird. Die Journalisten interessieren sich in diesem Moment mehr für den Wal als für

Wahlen. Bei Rolandseck hält Moby Dick inne. Als wenn er geahnt hätte, dass nun die schwierige Mittelrhein-Strecke mit dem gefährlichen Loreley-Felsen und tückischen Sandbänken kommen würde, dreht er erneut um, bewegt sich stromabwärts und wird bereits drei Tage später, am 16. Juni 1966, nahe Hoek van Holland letztmalig gesichtet.

An Land hat sich inzwischen eine breite Protestbewegung gebildet. Sie fordert, den Beluga in Ruhe zu lassen und die unblutige Jagd unverzüglich zu beenden. Aus den Niederlanden kommt sogar geharnischte Kritik von offizieller Seite. Diesem Druck beugt sich schließlich auch Wolfgang Gewalt. Immerhin: Er hat den weißen Wal zwar nicht gefangen, aber dafür den Duisburger Zoo weltweit bekannt gemacht.

Der Duisburger Zoo musste zwar auf Moby Dick verzichten, dafür erfreuen seit mehr als 50 Jahren die putzmunteren Delfine Jung und Alt.

Zoo Duisburg
Mülheimer Straße 273
47058 Duisburg
T. 0203 305590
www.zoo-duisburg.de

DiCaprio und die Oma im Revier

Der Weltstar kam oft inkognito nach Oer-Erkenschwick.

Der junge Mann erregt keinerlei Aufsehen. Warum auch? Im Oer-Erkenschwick der späten 1990er Jahre gehören junge Leute mit Basecap und Kapuzenpulli sowie einer gewissen Lässigkeit zum Straßenbild wie in jeder anderen Stadt. Hätten die Bewohner der 30.000-Einwohner-Gemeinde im nördlichen Ruhrgebiet allerdings geahnt, wer hinter der Camouflage steckt, hätte es vermutlich einen Menschenauflauf gegeben. Es ist Leonardo DiCaprio, Hauptdarsteller des Kino-Welterfolgs „Titanic" aus dem Jahr 1997, der möglichst unerkannt seine geliebte Oma Helene Indenbirken besuchen will.

Deren Lebensgeschichte liest sich wie ein Roman.

Die Oma wird als Yelena Smirnova 1915 in Russland geboren, kommt nach Deutschland und wandert 1953 mit ihrem deutschen Ehemann Wilhelm und Tochter Irmelin in die USA aus. 1985 kehrt das Ehepaar zurück – das Heimweh ist zu groß. Tochter Irmelin und ihr Mann George DiCaprio bekommen im November 1974 den kleinen Leonardo. Ein Jahr nach seiner Geburt trennt sich das Paar. Leonardo wächst bei der Mutter in Los Angeles auf.

Zurück nach Oer-Erkenschwick, wo Oma Helene in einer Zwei-Zimmer-Wohnung lebt und alle Angebote ihres Enkels ablehnt, nach Los Angeles zu kommen. Lieber will sie am Randes des Ruhrgebiets leben, umgeben von Freunden und Nachbarn.

Inkognito in Oer-Erkenschwick: Auch nach dem Welterfolg mit „Titanic“ besuchte Leonardo DiCaprio noch häufig seine Oma im nördlichen Ruhrgebiet – gut getarnt mit Basecap, Hoodie und Sonnenbrille.

Schon in den 1980er und 1990er Jahren, noch ohne Star-Ruhm, besucht Leonardo häufiger seine Großeltern und schleppt dabei sein Skateboard mit – sehr zur Freude der Nachbarskinder, denen er diverse Tricks beibringt. Sein Bewegungstalent zeigt er auch beim Breakdance-Wettbewerb einer Lokalzeitung, den er als Dritter beendet. „Das hat ihn gefuxt. Er war schon früh ein Gewinner-Typ“, erzählt die Oma später der Bild-Zeitung. Und: Zehn Mark Taschengeld habe es damals gegeben, die er sich genau einteilte, um am letzten Tag noch ein großes Spaghetti-Eis kaufen zu können.

2005 stirbt die Großmutter, drei Jahre nach ihrem Ehemann. Leonardo DiCaprio, höchst besorgt um ihren Zustand, ist schon Tage zuvor nach Oer-Erkenschwick geeilt, um ihr beizustehen, was die Freunde und Nachbarn dort ihm noch heute groß anrechnen. Allzu gern hätte der Superstar seiner Oma den „Oscar" präsentiert, den er 2016 nach mehreren Nominierungen in den Jahren zuvor als bester Hauptdarsteller für „The Revenant" erhalten hatte.

Der Blimp, der Zeppelin genannt wird

Luftschiff-Pionier Theo Wüllenkemper entdeckte den Himmel als unendliche Werbefläche.

Es gehört zum Himmel über dem Ruhrgebiet, das Luftschiff der Westdeutschen Luftwerbung (WDL). Brummend zieht die 60 Meter lange Zigarre in 300 Metern Höhe ihre Bahn. Auf ihrer mächtigen Hülle erscheint Werbung: für Sparkassen, für eine große Zeitung und für andere Kunden. Mit dem 1937 nach der Jungfernfahrt über den Atlantik in Lakehurst (USA) verunglückten Zeppelin, der „Hindenburg" – 36 Menschen starben bei der Katastrophe –, hat das Luftschiff aber nur die Größe gemein.

Im Gegensatz zur „Hindenburg" verfügt es nicht über einen starren inneren Aufbau. Außerdem ist der Blimp, wie das Luftschiff auch bezeichnet wird, mit Helium und nicht mit dem gefahrenträchtigen Wasserstoff gefüllt. Trotzdem sagt jeder im Revier „Zeppelin" zum Blimp, der auf dem Flughafen Essen/Mülheim stationiert ist. Doch wie kam der Zeppelin überhaupt ins Ruhrgebiet? Der Essener Theo Wüllenkemper (1925–2012), ein Pilot aus Leidenschaft und zugleich ein erfolgreicher Unternehmer, sorgte für die innovative Attraktion am Himmel über dem Revier.

Schon als 15-Jähriger saß Wüllenkemper erstmals in einem Segelflugzeug – was ihn für eine fliegerische Grundausbildung in der Wehrmacht prädestinierte. Nach kurzer amerikanischer Kriegsgefangenschaft schlug er sich in seine Heimatstadt Essen durch. Die

Der Himmel als unendliche Werbefläche: Das „Blimp“ genannte Luftschiff der von Pionier Theo Wüllenkemper gegründeten Westdeutschen Luftwerbung ist bei gutem Wetter täglich über dem Ruhrgebiet unterwegs.

Fliegerei bildete fortan den Schwerpunkt seines Lebens, doch Fluglizenzen konnte er nur im Ausland erlangen. Als die Alliierten dann 1955 die von ihnen verhängte Flugsperre aufhoben, erhielt Theo Wüllenkemper den Flugzeugführerschein Nummer 1 der noch jungen Bundesrepublik Deutschland.

Die Chance zum Neustart bot sich in den ausgebombten Gebäuden des Flughafens auf den Ruhrhöhen. Büros und Werkstätten entstanden, die 300 Bombentrichter auf dem Flugfeld wurden mit einer riesigen Kraftanstrengung zu gekippt. Es folgte die Gründung der Westdeutschen Luftwerbung (WDL). „Mir standen damals eine Menge fluginteressierter Mitarbeiter zur Verfügung“, erinnerte sich Wüllenkemper im Gespräch mit dem Wirtschaftsjournalisten Frank Meßing. Hunderten Piloten, die ihre Lizenzen vor dem

Krieg erworben hatten, verhalf das junge Unternehmen zu den nötigen Überprüfungs- und Trainingsflügen – im Schnitt 10.000 pro Jahr. Viele von ihnen gingen anschließend zur Lufthansa, zur LTU oder fanden Arbeitgeber im Ausland.

Längst boomte die Wirtschaft im Ruhrgebiet, Werbung wurde immer wichtiger. Warum nicht auch am Himmel, der unendlichen Werbefläche? Dies fragte sich der Branchenpionier und bot den Firmen mit seinen inzwischen 15 Flugzeugen Reklameflüge an. Doch gegen Ende der 1960er Jahre regte sich mehr und mehr Protest gegen die Bannerwerbung mit Propeller-Flugzeugen. Der damit verbundene Lärm ging den Bürgern – vor allem in Flughafennähe – zunehmend auf die Nerven.

Wüllenkemper sann auf Abhilfe, kam 1970 auf die Idee, ein Luftschiff für Werbezwecke einzusetzen. Es bot große Werbeflächen in relativ geringer Höhe, brummte nur leise und war den Menschen irgendwie sympathisch. Prompt erhielt die mächtige Flugzigarre den Spitznamen „Wüllenzepp". Das von Ferdinand Graf von Zeppelin entwickelte Fluggerät hatte im Jahr 1900 erstmals abgehoben und kam zwischen den beiden Weltkriegen häufig zum Einsatz.

Nächster Schritt war der Bau einer Luftschiff-Werft. Sein Blimp sollte nicht entzündbar sein wie die Modelle des Grafen Zeppelin, deshalb setzte die WDL Helium statt Wasserstoff ein. Zwischen 1970 und 1972 begann die auf bis zu 200 Mitarbeiter angewachsene Belegschaft, mit dem parallelen Bau der ersten beiden Luftschiffe. Das eine flog nach der Fertigstellung Werbung für die Brauerei Wicküler. Das andere verkaufte WDL nach Japan, wo es ebenfalls Reklame für Bier machte. Die Luftschiff-Produktion ging nun weiter. „Stets mit Eigenmitteln“, wie Wüllenkemper im Gespräch mit Frank Meßing betonte. Sie wurden nach Japan, USA, Afrika und Europa verkauft oder verleast. Der Herr der Lüfte war zufrieden: „Es stellte sich heraus, dass es weltweit noch keine Luftschiffe gegeben hat, die auch nur annähernd der WDL-Qualität entsprachen. Der seit 1988 gebaute Typ WDL 2 ist mit 7200 Kubikmetern Hüllenvolumen und 60 Metern Länge noch heute der größte, kommerziell nutzbare Prall-Luftschifftyp.“

Die Werbung sollte auch nachts sichtbar sein. So ließ Wüllenkemper computergesteuerte, 40 mal acht Meter große Leuchtfelder mit jeweils 10.000 Lampen entwickeln, die bewegte Schrift im Dunkeln an den Himmel schrieben. Außerdem durften Passagiere mitfahren.

Wenn heute Blimps am Flughafen Essen/Mülheim starten oder landen, schauen oft hunderte Interessierte zu. In einer Zeit, die immer schnelllebiger wird, wirken die Dickschiffe der Luft entschleunigend.

Auf dem Flughafen Essen/Mülheim starten Rundflüge mit einmotorigen Maschinen, Segelflugzeugen, Helikoptern, Ballonen, dem LTU-Classic Oldtimer, dem historischen Doppeldecker „Roter Baron“ und dem Luftschiff.

Flughafen Essen/Mülheim
Brunshofstraße 3
45470 Mülheim an der Ruhr
T. 0208 992330
www.flughafen-essen-muelheim.de

„Wenne Glück has, is die Schranke auf"

Bahnübergang auf der wichtigsten Nord-Süd-Verbindung brachte Gelsenkirchener zur Verzweiflung.

Geduld, viel Geduld, ganz viel Geduld: Die brauchten im Ruhrgebiet Tausende Menschen Tag für Tag. In den 1950er und 1960er Jahren war der Weg zur Arbeit und wieder zurück oftmals eine Nervenprobe. Ob auf zwei oder vier Rädern oder auf zwei Füßen, die eilige Fahrt oder der Marsch wurden jäh unterbrochen, wenn die Straßen von Schienen gekreuzt wurden.

„Verdammich nommal", fluchten die Gelsenkirchener und die Berufspendler unzählige Male mit verzweifeltem Blick gen Himmel, wenn sich die „Glückauf-Schranke" im Ortsteil Schalke mit ihrem stoischen „Bim-Bim-Bim" unbeeindruckt von der allgemeinen Hetze niedersenkte und den Verkehr auf der König-Wilhelm-Straße ausbremste. Es dauerte viele Minuten – fünf, zehn, fünfzehn und mehr – bis ellenlange Güterzüge donnernd die Straße gequert hatten.

Auch wenn die Dampfrösser auf ihren Waggons Kohle zu den Werken hin und Eisen und Stahl von ihnen weg transportierten, hatte der Name „Glückauf-Schranke" nicht das Geringste mit dem traditionellen Bergmannsgruß gemein. Weit gefehlt: „Glückauf" war quasi der Kosename für die gehasste Straßensperre. Denn: „Nur, wenn man Glück hat, ist sie auf" flüchteten sich die geplagten Auto- und Radfahrer sowie die Fußgänger in Sarkasmus und Ironie. Zähneknirschend nahmen sie das tägliche Übel hin.

„10.000 warten vor der Schranke“ titelten lokale Tageszeitungen. Kommunalpolitiker suchten verzweifelt nach Lösungen. Die in Schalke ansässigen und mit der Emschertalbahn verbundenen Werke wie die Mannesmann-Röhren-Werke oder Glas & Spiegel, aber auch Zulieferer wie die Gutehoffnungshütte Oberhausen wurden händeringend gebeten, mit veränderter Logistik die Schrankenschließungen zu vermindern. „Unmöglich“ erklärten die Betroffenen.

Also mussten die Stadtplaner ran. Zur Diskussion stand eine Unterführung der Gleisanlagen oder eine Überquerung mittels einer Stahlhochstraße. Letztere war schließlich die Lösung. Die Stahlkonstruktion der 511 Meter langen und 25 Meter breiten Brücke galt damals als einzigartig. Zwei Fahrspuren führten Richtung Süden, zwei Richtung Norden, getrennt durch das eigene Gleisbett der Straßenbahn. Die bis heute wichtigste Nord-Süd-Verbindung Gelsenkirchens wurde geschaffen.

Nach rund eineinhalb Jahren Bauzeit war die erste Stahlhochstraße in Deutschland fertiggestellt. Berlins Regierender Bürgermeister Willy Brandt (SPD) weihte die Brücke am 8. Oktober 1964 ein und taufte sie auf den Namen „Berliner Brücke“. Die König-Wilhelm-Straße wurde zu Ehren des legendären SPD-Vorsitzenden in Kurt-Schumacher-Straße umbenannt. Am Abend der Eröffnung hatte übrigens die Franz-Lehar-Operette „Land des Lächelns“ Premiere. Ein gutes Omen war sie nur bedingt. Denn: „Verdammich nommal“ wird weiterhin geflucht, auch wenn die „Glückauf-Schranke“ längst Geschichte ist. Heute bremst sich der Autoverkehr auf der Kurt-Schumacher-Straße selbst aus.

Gusseisen und blaue Bohnen

Kaufinteressenten der St. Antony-Hütte in Oberhausen, der Wiege der Ruhrindustrie, tragen Vertragsstreit mit Pistolen aus.

Heute wirkt alles so harmonisch auf St. Antony, der ersten Eisenhütte des Reviers. Das malerische Fachwerkhaus mit angrenzendem Teich, in dem Kontoristen Buch führten und Direktoren wohnten, lädt zum Verweilen ein. Gegenüber liegen die Fundamente der alten Gießhalle, die von einem Stahldach überspannt wird. Wüsste man nicht, dass hier mit dem Anblasen des ersten Hochofens am 18. Oktober 1758 die Industrialisierung des Ruhrgebiets begann, könnte man an diesem Ort auch Überreste der Römerzeit vermuten.

Gegründet worden war St. Antony vom Münsteraner Domherren Franz Ferdinand von Wenge, der sich schon früh die Abbaurechte für das im heutigen Oberhausener Stadtteil Osterfeld gefundene Raseneisenerz gesichert hatte. Dabei ging der Kirchenmann offenbar wenig zimperlich zur Sache, was auch die Nonnen des Zisterzienserklosters zu spüren bekamen. Sie hatten Einspruch gegen die industrielle Nutzung des nahen Elpenbaches erhoben, weil sie um ihre Forellenzucht und den Gemüsegarten am Ufer bangten. Die Hofkammer folgte natürlich – Überraschung – den Argumenten von Wenge. Gegen den Klerus hatte man damals wenig Chancen, schon gar nicht als Klosterfrau.

Die Dinge eskalierten dann nach dem Tod von Wenges im Jahr 1788, denn seine Erben hatten kein Interesse am frühen Unternehmertum. Sie wollten einfach nur Kasse machen und St. Antony verkaufen. Allerdings taten sie es, ohne sich abzustimmen, so dass plötzlich zwei konkurrierende Investoren auf gültige Kaufverträge verwiesen. Der Streit wogte hin und her, mitunter fielen der Überlieferung nach sogar Schüsse, durch die aber niemand verletzt wurde. Die Situation blieb schwierig. Eberhard Pfandhöfer, der letzte Pächter der Hütte, trug durch Geldprobleme seinen Teil dazu bei. 1797 floh er vor seinen Gläubigern nach Holland. In der Nähe gingen unterdessen weitere Eisenhütten in Betrieb. So entstand die „Hüttengewerkschaft und Handlung Jacobi, Haniel und Huyssen", die 1873 in Gutehoffnungshütte (GHH) umbenannt wurde und schnell zu einem der größten Montankonzerne Europas heranwuchs. Seit 1986 gehört sie zum MAN-Konzern. Bei der Führung durch St.Antony gibt ein Oberhausener Stadtführer gern Anekdoten aus der damaligen Zeit zum Besten – stilecht verkleidet als Hüttendirektor Gottlob Julius Jacobi.

Das Museum in der Antony-Hütte macht die Geschichte der ersten Eisenhütte im Revier mit digitalen und multimedialen Angeboten anschaulich. Auf der Ausgrabungsstätte, dem ersten industrie-archäologischen Park Deutschlands, sind Relikte aus der Frühzeit der Eisenhütte zu entdecken.

St. Antony-Hütte
Antoniestraße 32-34
46119 Oberhausen
T. 02234 9921555 (Kulturinfo Rheinland)
www.industriemuseum.lvr.de

Genial ausmanövriert

Bei der Rats-Entscheidung über die CentrO-Erweiterung ließ Oberhausen den Vize-Regierungspräsidenten auflaufen.

Oberhausen mit dem berühmten kleinen gallischen Dorf zu vergleichen, wäre sehr gewagt. Immerhin handelt es sich um eine ehemalige alte Industriestadt im Ruhrgebiet mit heute 210.000 Einwohnern. Was die Oberhausener mit Asterix & Co. eint, sind List und Trickreichtum im Umgang mit der Obrigkeit. Das bekamen die Römer in Gallien zu spüren, aber auch das Regierungspräsidium Düsseldorf als Aufsichtsbehörde am Rhein-Herne-Kanal.

Konkret ging es in der Ratssitzung am 20. September 2004 um die Erweiterung von Europas größtem Einkaufs- und Freizeitzentrum, dem CentrO. Der 1996 auf dem Gelände eines ehemaligen Hüttenwerkes eröffnete Konsumtempel benötigte weitere Verkaufsflächen, um die Ansprüche der rund 23 Millionen Besucher erfüllen zu können, die jährlich in die Shopping-Mall strömen und dafür bis zu einer Stunde Anfahrt in Kauf nehmen. Um 30.000 Quadratmeter wollte der Betreiber die Bruttogeschossfläche erhöhen. Hintergrund: Ein renommiertes Textilhaus mit hoher Kundenfrequenz plante eine große Niederlassung – ein sehr willkommener Ankermieter.

Natürlich war der Aufschrei in den benachbarten Kommunen groß. Dort befürchteten Handel und Politik, dass ihre Städte noch mehr Kaufkraft an das CentrO verlieren würden als dies bereits geschehen war. Die Stadt

Frechheit siegt: Um die Erweiterung von Europas größtem Einkaufs- und Freizeitzentrum, dem CentrO, ging es bei der Sitzung des Oberhausener Stadtrates im September 2004. Der Vertreter der Aufsichtsbehörde wurde kurzerhand ausgesperrt.

Oberhausen konterte damit, dass von den geschaffenen 12.000 Arbeitsplätzen auch die Nachbargemeinden profitieren würden, dass Kaufkraft für die ganze Region gebunden und das Image des Ruhrgebiets aufpoliert werde.

Regierungspräsident Jürgen Büssow machte sich die Bedenken der angrenzenden Städte zu eigen und erwog ein Verbot der Erweiterung, wodurch sich die Oberhausener wiederum ihrer kommunalen Planungshoheit beraubt sahen. Der Chef der Aufsichtsbehörde drohte den Ratsmitgliedern in Interviews sogar mit persönlichen Konsequenzen, falls der Rat zustimmen würde. Doch ein formelles Verbot, einen solchen Beschluss zu fassen, blieb aus.

Eine entsprechende Note sollte dann der damalige Regierungsvizepräsident Jürgen Riesenbeck am Tag der Ratssitzung überbringen. Nur – er fand dafür keinen Adressaten. Die Türen des Dienstzimmers von Oberbürgermeister Burkhard Drescher waren verrammelt, auch in den von Sicherheitsleuten bewachten Ratssaal durfte Riesenbeck nicht hinein, weil er keinem Ratsgremium und auch nicht der Presse angehörte. Folglich blieb ihm nichts anderes übrig, als ohnmächtig und zutiefst verärgert von der Zuschauerempore im Ratssaal zu erleben, wie das Stadtparlament den Erweiterungsbeschluss fast einhellig durchwinkte.

Zwangsläufig kam es zur erwarteten Klage der Nachbarstädte und des Regierungspräsidenten gegen den Beschluss. Denn genau darauf hatte die mit viel Chuzpe durchgeführte Oberhausener Aktion ja abgezielt. Als dann am 6. Juni 2005 das Oberverwaltungsgericht Münster die Klage nach neunstündiger Verhandlung abschmetterte und den Oberhausener Argumenten folgte, hatte die Stadt endlich freie Bahn.

Dass Oberhausener Anliegen danach im Regierungspräsidium für längere Zeit eher zähneknirschend behandelt wurden, dürfte niemanden überraschen.

CentrO
Centroallee 1000
46047 Oberhausen
T. 0208 8282055
www.centro.de

Popstar auf der Opernbühne

Rudolf Schock vergaß nie seine Duisburger Wurzeln. Die Stadt ehrte ihn mit ihrer höchsten Auszeichnung.

„Ich bin nur ein armer Wandergesell"... wohl jeder kennt das Lied aus Künnekes „Der Vetter aus Dingsda". Gesungen von Rudolf Schock lässt es kaum jemanden unberührt. Der 1986 gestorbene Startenor sang es voller Inbrunst, denn er stammte selber aus ärmlichen Verhältnissen. In der Fachwelt und in seiner Heimatstadt Duisburg genießt Rudolf Schock noch heute Kultstatus. Sogar eine Straße wurde nach ihm benannt. Die Stadt ehrte ihn mit der Mercator-Plakette, ihrer höchsten Auszeichnung.

Dass der junge Rudolf Schock sehr talentiert ist, zeigt sich schon früh. Doch der Anfang ist schwer. 1915 als viertes von fünf Kindern einer Arbeiterfamilie im Stadtteil Wanheimerort geboren und in Hochfeld aufgewachsen, muss er bereits mit acht Jahren den Tod des Vaters verkraften. Ihn hatte er erst nach Kriegsende 1918 zum ersten Mal wirklich kennen gelernt. „Weißt Du, wie viel Sternlein stehen?", singt ihm der fremde Mann damals vor, so Schock in seinen Erinnerungen. Um die Mutter zu unterstützen, treten er und seine vier Geschwister in Gaststätten und bei Festen auf, singen dort Volkslieder und Operettenmelodien. Tagsüber schuftet er im Frisörladen. Die Lehre dort macht ihm keinen Spaß. Geübt wird abends und an den Wochenenden, bald wird auch ein Klavier angeschafft. Die Nachbarn in dem hellhörigen Wohnhaus werden sich noch lange daran erinnern.

Noch als Hobbysänger darf er zusammen mit seiner Schwester Elfriede im Opernchor des Duisburger Stadttheaters auftreten, schon bald als Erster Tenor. Schnell glänzt er in kleineren Rollen, wie dem Ersten Gefangenen in „Fidelio“. 90 Mark gibt es als Tagesgage. Als eigentlicher Beginn seiner Karriere gilt aber das Engagement als Erster Chor-Tenor bei den Bayreuther Festspielen 1936. 23 Jahre später kehrt Schock als Star auf den Grünen Hügel zurück und gibt den Stolzing in Richard Wagners Meistersinger von Nürnberg. Es ist ein Höhepunkt seiner Laufbahn.

Aller Ruhm schützt ihn aber nicht davor, 1939 von der Wehrmacht eingezogen zu werden. Bis zum Kriegsende muss er Soldat bleiben. Danach schlägt er sich erst einmal als Landarbeiter im Harz durch, um für seine Frau und die beiden Töchter sorgen zu können. Der Intendant des Opernhauses Hannover holt ihn schließlich auf die Opernbühne und in den Konzertsaal zurück.

Nun unterschreibt er die ersten Plattenverträge. Doch wirklich berühmt wird Schock 1948 durch das Engagement an der Londoner Covent Garden Oper. Zum ersten Mal nach dem Krieg hatten die Engländer einen deutschen Sänger verpflichtet. Eine besondere Herausforderung für den Volksschüler, denn es wurde in englischer Sprache gesungen. „Die Kritiker haben hinterher geschrieben, dass sie mich besser verstanden hätten als die englischen Sänger“, amüsiert er sich später in einem Interview.

Lyrischer Tenor von Weltrang: Der Duisburger Rudolf Schock brillierte nicht nur auf der Opernbühne, sondern auch bei zahlreichen TV-Auftritten in den 1960er- und 1970er Jahren. Mit der Opern- und Operettendiva Margit Schramm (gest. 1996) aus Dortmund bildete er ein Traumduett.

In den 1950er Jahren avanciert Rudolf Schock zu einem Popstar der Nachkriegszeit, singt auf den großen Opernbühnen Deutschlands, tritt bei den Festspielen in Salzburg und Edinburgh auf. Dass er dann nach und nach seine Opernkarriere ausklingen lässt, sich dem klassischen Lied, der Operette und dem Heimatlied zuwendet und sogar in Musikfilmen („Der fröhliche Wanderer“ 1955, „Das Dreimädelhaus“ 1958) mitwirkt, nehmen ihm Opernpuristen krumm. Sie sprechen von Verrat. Schock kontert, dass er mit Hilfe der volkstümlichen Musik viele neue Freunde für die Klassik gewonnen habe.

Seiner Popularität schadet die Kritik nicht. Im Gegenteil, sie geht durch die Decke. Rudolf Schock ist Dauergast – und Frauenschwarm – im noch jungen Medium Fernsehen, wirkt in zahlreichen Opern- und Operetten-Verfilmungen und Shows mit. Die Zahl seiner Fans geht in die Millionen. 1979 erhält er die Goldene Schallplatte für das Album „Die Stimme für Millionen“.

Ganz abrupt endet dann eine Jahrhundert-Karriere. Am 13. November 1986 stirbt Rudolf Schock in seinem Wohnort Düren an einem Herzinfarkt. Vier Tage zuvor hatte er noch zusammen mit einer Chorgemeinschaft ein Konzert gegeben. Auch in seiner Heimatstadt Duisburg, der er bis zuletzt eng verbunden war, ist die Trauer groß. Am 4. September 2015, Schocks 100. Geburtstag, gedenkt die Stadt seiner.

Der Zwergenkönig auf Burg Hardenstein

Hattinger Theologe sammelt Märchen und Sagen aus dem Ruhrgebiet.

Auf leisen Sohlen nähern wir uns der Burg Hardenstein. Oder besser der Ruine Hardenstein. Denn wir wollen den Geist des Zwergenkönigs Goldemar aufspüren.

Direkt an der Ruhr in Witten bei der Schleuse Herbede liegt das alte Gemäuer aus dem 14. Jahrhundert. Eigentlich war es gar keine Burg, sondern ein befestigtes Haus. Keine trutzige Wehranlage, es war ein herrschaftlicher Wohnsitz direkt am Fluss. Und abgesehen von den Hardenbergs – und später den Hardensteins – soll zu Zeiten des Ritters Neveling von Hardenberg auch der Zwergenkönig Goldemar dort gelebt haben. Der willkommene Gast – denn solange er dort wohnte, ging es allen gut – hatte allerdings einen Fehler: Er war unsichtbar.

Das aber gefiel dem neugierigen Küchenjungen nicht. Also versuchte er mit einem Trick, Goldemar sichtbar zu machen. Das gelang ihm auch, sollte aber tödlich enden. Denn der aufgebrachte Zwergenkönig zerteilte den Küchenjungen, kochte ihn und verspeiste ihn in seiner Turmkammer. Die Burg versah Goldemar noch mit einem Fluch. Dann verschwand er auf Nimmerwiedersehen.

Soweit die Sage, die sich um Burg Hardenstein rankt. Sie ist eine von tausenden Sagen und Märchen aus dem Ruhrgebiet, die Sagensammler Dirk Sondermann seit Jahren sucht, findet und niederschreibt. Der Diplom-Theologe lebt in Hattingen und weiß, dass Goldemars

Aura in der Ruine tatsächlich noch zu spüren ist. „Es ist ja alles noch da. Der Turm, die Tür und dahinter die Kammer. Auch die Schwelle zur Küche und der Raum selbst existieren noch“, sagt Sondermann. Aber ist das auch alles wahr, was da erzählt wird? Es sei immer die Frage, wie hoch der Wahrheitsgehalt einer Sage oder eines Märchens ist, so Sondermann. „Auf der Burg Hardenstein gab es vielleicht wirklich einmal einen ungewöhnlichen Todesfall, und das Personal erzählte darüber Geschichten.“

Dirk Sondermann sieht sich in der Tradition der Brüder Jacob und Wilhelm Grimm, Deutschlands bekannteste Märchensammler. So wie die beiden Ende des 18. und zu Beginn des 19. Jahrhunderts Geschichten sammelten, macht es der Hattinger auch. „Ich bin zu Bauern und Gutsherrn gegangen und habe mir erzählen lassen. Mal war es eine Sage, mal auch nicht.“ Und so wie viele Leute den Brüdern Grimm Geschichten zugetragen haben, die sich vor allem Frauen bei der Haus-

Theologe und Sammler von Sagen und Märchen aus dem Ruhrgebiet: Dirk Sondermann aus Hattingen sieht sich in der Tradition der Brüder Jacob und Wilhelm Grimm.

arbeit erzählten, erhält Sondermann auch heute Informationen.

Nun werden Märchen und Sagen nicht unbedingt im Ruhrgebiet verortet. Dennoch hat Sondermann unzählige von ihnen hier in dieser Region gefunden und etliche Bücher darüber geschrieben. Diese Leidenschaft entfachte seine Großmutter, die dem Enkel die Sage von Goldemar erzählte. „Und dann sind wir zur Burg Hardenstein gegangen und ich war ganz begeistert, denn es gab einen realen Ort für die Geschichte", erinnert er sich.

Viel später, erst während seines Theologie-Studiums, machte sich Sondermann auf die Suche nach Märchen und Sagen im Ruhrgebiet. Zahlreiche Fundstücke haben den Bergbau zum Thema, es gibt aber auch Erzählungen, die bis in die Römerzeit zurückreichen. Schließlich gab es im Ruhrgebiet ja etliche Römerlager, zum Beispiel in Xanten und Haltern am See.

Sondermanns Sagen- und Märchensammlungen für verschiedene Städte und Regionen des Ruhrgebiets bieten noch einen ganz besonderen Service. Es gibt zu jeder Erzählung genaue Angaben oder GPS-Daten, damit der Leser den Ort des Geschehens aufsuchen kann, um den Geist der Vergangenheit zu spüren. „So lernt man Heimat kennen", gibt der moderne Bruder Grimm mit auf den Weg.

Burg Hardenstein
Hardensteiner Weg
58456 Witten
www.burgfreunde-hardenstein.de

Schafspelz und Hörnerhelm

Im Jahr 883 besetzten die Wikinger Duisburg.

Nach 1100 Jahren kamen die Wikinger nach Duisburg zurück. Nicht als raue, brutale Kämpfer, die in den Städten entlang des Rheins die Menschen in Angst und Schrecken versetzten. Auch nicht als kühne Seefahrer, die schon 500 Jahre vor Kolumbus unter Führung von Leif Ericsson Amerika entdeckten und das unbekannte Territorium Vinland nannten. Im offenen Boot ging es über den Atlantik, nur mit Hilfe der Gestirne und simplen Gerätschaften navigierend.

Nein, die Wikinger des Jahres 1983 waren betont friedlich, sangen fröhliche Lieder und tranken reichlich. Außerdem brüllten sie bei jedem Anlass laut „Helau". Man ahnt es schon, die Sache hat mit Karneval zu tun. Mit einem historischen Festumzug feierten die Duisburger am Rosenmontag 1983 die Tatsache, dass ihre Stadt 883 zum ersten Mal erwähnt wurde. Was seither als ihr Gründungsdatum gilt.

Es war der Chronist Regino von Prüm, der in seinen Aufzeichnungen den Einfall der Wikinger auf das Jahr 883 datierte. Schon vorher hatten die wilden Nordmänner mit ihren wendigen Drachenbooten Städte bis zum Mittelrhein überfallen, aus Klöstern und Kirchen Silber und Gold geraubt. Neben Duisburg wurden auch Köln, Xanten und andere Städte heimgesucht. Um nicht ständig in den Norden zurückkehren zu müssen, schlugen sie verschiedene Winterquartiere auf, eines davon 883 wahrscheinlich unweit der heutigen Salvatorkirche und des Duisburger Rathauses. Damals nahm der Rhein einen anderen Verlauf, reichte viel näher an die Innenstadt heran als heute. Aus Wikinger Sicht ein idealer Standort, weil sich hier der größte Fluss Europas und eine alte Transitstraße kreuzten, die vom heutigen Belgien aus bis ins russische Nowgorod führte: der Hellweg.

Was die wilden Wikinger während ihres Aufenthalts 883 alles getrieben haben – das mag man sich gar nicht vorstellen. Sie nahmen sich vermutlich, was ihnen vor die Augen kam. Im Frühjahr darauf endete die Besetzung. Die Nordmänner wichen vor dem heranziehenden vereinigten fränkischen Heer zurück.

Gut möglich, dass die Wikinger am Rhein nicht nur geplündert und gemordet haben. Vielleicht haben sie auch zur Entwicklung einer dörflichen Kultur beigetragen, die im Museumsdorf Haithabu in Schleswig-Holstein anschaulich dargestellt ist. Duisburg verdankt ihnen jedenfalls sein Gründungsdatum und einen formidablen Festumzug, bei dem statt der üblichen Clowns und Cowboys jede Menge Herren mit Schaffell und Hörnerhelm zu sehen waren.

Schnüffler im Namen des Königs

Auf den Spuren geheimer Kaffeekränzchen.

Ältere Semester kennen alle noch den Tchibo-Onkel aus der Werbung, der mit Anzug und Krawatte durch die Kaffeeplantagen Guatemalas oder Äthiopiens stapft. Oder den Kaffeetester, der mit geschlossenen Augen und geblähten Nasenflügeln den Geruch einsaugt, schlürft, schmeckt und schmatzt, ehe er sein Urteil fällt: fulminant, aber vielleicht etwas stoffig im Abgang – oder so. Kaffee ist heute Kulturgut. Viele Genießer fragen nach seiner Herkunft, geben reichlich Geld für die beste Bohne und die Gerätschaften aus, mit denen er sich perfekt zubereiten lässt.

Vor gut 250 Jahren war es für die Kaffee-Enthusiasten aber viel schwieriger, ihrer Leidenschaft zu frönen. Damals schickte Preußenkönig Friedrich II., bekannt auch als Friedrich der Große oder der Alte Fritz, so genannte Kaffeeschnüffler durch sein Herrschaftsgebiet, um illegal gerösteten Kaffee aufzuspüren. Auch im Ruhrgebiet steckten sie ihre Nase in jedes Haus.

Nach dem Siebenjährigen Krieg (1756–1763) war die Staatskasse leer. Neue Einnahmequellen mussten her. Da bot sich eine Luxussteuer auf den braunen Trank aus dem Morgenland an, der neben Bier längst zum bevorzugten Getränk der Untertanen geworden war. Allerdings war diese Steuer viel zu hoch, machte 150 Prozent des Kaufpreises aus. Für ein Lot Kaffee, das sind 17 Gramm, ging schnell der Lohn eines ganzen Tages drauf.

Das Volk reagierte auf clevere Weise: Es schmuggelte Kaffee, denn die ungerösteten Bohnen waren geruchlos und leicht zu transportieren. Auf verschiedensten Wegen kamen sie in die Stadt, auf Kähnen, Lastkarren oder direkt am Körper. Auch kleine Mengen brachten guten Ertrag. Doch schnell kam der König dahinter, erhob das Monopol auf den Kaffeehandel und erlaubte das Rösten nur noch an vom Staat bestimmten Orten. Auch verbot er den gemeinen Bürgern der Genuss von Kaffee und Tee, weil er dadurch einen Hang zur Faulheit und zu Ausschweifungen sah. Ausgenommen waren Adel, Geistlichkeit, Offiziere und Kaufleute, sofern sie nicht selber Kaffee verkauften.

Natürlich ließen sich die Menschen dadurch nicht vom Schwarzrösten und Kaffeetrinken abhalten – was Friedrich den Großen veranlasste, seine Kaffeeschnüffler loszuschicken. Es waren meist Veteranen aus dem Siebenjährigen Krieg, arbeitslos und oft sehr verroht. Die ungehobelten Schnüffler durften jedes Haus untersuchen, das ihnen verdächtig vorkam. Sie waren „immer auf der Suche nach ungehorsamen, kaffeetrinkenden Untertanen", wie es der Oberhausener Heimatforscher Tobias Szczepanski feststellte. Und da sie die Hälfte der auferlegten Strafgelder behalten durften, waren die beim Volk verhassten Kaffeeschnüffler besonders motiviert.

Das Volk unter Kontrolle, die Veteranen beschäftigt, den Schmuggel unterbunden – der Preußenkönig glaubte wohl, mit der Aktion drei Fliegen mit einer Klappe geschlagen zu haben. Doch der Zorn des Volkes über die ständige Gängelei wuchs. Friedrich II. gab schließlich auf, schaffte das Monopol ab. Und in den Häusern und auf den Straßen im Ruhrgebiet roch es wieder nach Kaffee.

Spatzenhaus und Gartenstadt

Friedrich Alfred Krupp und seine Frau Margarethe bauten für ihre Töchter und für die Kruppianer.

Wirklich glücklich waren die Krupps wohl nur selten. Jedenfalls nicht in ihrem Domizil auf den Ruhrhöhen mit Blick auf den Fluss, der in den 1930er Jahren zum Baldeneysee aufgestaut wurde. Konzerngründer Alfred Krupp (1812–1887) war ein Patriarch, der keinen Widerspruch duldete. Was wohl daran lag, dass er nach dem Tod seines Vaters Friedrich Krupp (1787–1826) schon als 14-Jähriger Verantwortung übernehmen musste und die Firma zu Ruhm und Größe führte. Während des Baus der Villa Hügel, der sich von 1870 bis 1873 erstreckte, legte sich Alfred mit fast jedem Architekten und Bauunternehmer an, von denen viele entnervt aufgaben. Auch bei seinen Arbeitern war der Chef eines der bedeutendsten Industrieunternehmen der Welt trotz aller sozialen Errungenschaften, die er eingeführt hatte, mehr gefürchtet als geliebt. Er galt als herrisch und unnachgiebig. Die Kälte, die wegen der von ihm geplanten, aber nicht funktionierenden Belüftungs- und Heizungsanlage in der Villa herrschte, umgab auch ihn.

Konzernerbe Friedrich Alfred Krupp (1854–1902), einziges Kind von Alfred und Ehefrau Bertha (1831–1888), war ein ganz anderer Charaktertyp als sein Vater: umgänglich, kulturell interessiert, empathisch und auf ein faires Miteinander mit der immer stärker anwachsenden Belegschaft bedacht. Gemeinsam mit Ehefrau Margarethe (1854–1931) gestaltete er die schlicht eingerichteten Räume der Villa Hügel prachtvoll und standesgemäß um. Die einzigartige Kollektion flämischer Wandteppiche von 1500 bis 1760, für die Friedrich Alfred und Margarethe die Grundlagen schufen, begeistert noch heute die Besucher.

Anders als sein unnahbarer Vater war Friedrich Alfred vermutlich seinen eigenen Kindern liebevoll zugetan. Wie anders lässt sich erklären, dass er für seine Töchter Bertha (1886–1957) und Barbara (1887–1972) im Jahr 1894 das Spatzenhaus errichten ließ, eine begehbare Puppenstube im Stil einer Miniatur-Villa in Fachwerk-Bauweise, in die sogar eine funktionsfähige Küche installiert wurde. Gut verborgen unter großen Bäumen und verdeckt von Rhododendren-Sträuchern befand sich dieses kleine Märchenhaus, in dem die Mädchen – damals sieben und acht Jahre alt – spielerisch auf ihre spätere Rolle in der Gesellschaft vorbereitet werden sollten, zum Beispiel als Gastgeberinnen: Im „Gästebuch" des Spielhauses sind prominente Namen verzeichnet, zum Beispiel Kaiser Wilhelm II.

Mit dem Ausbau der Villa Hügel samt Park wurde auch immer mehr Personal benötigt. Beschäftigte der Bauherr im Jahr 1876 noch 66 Angestellte, so musste der Sohn 1902 schon 570 Mitarbeiter in Lohn und Brot halten, um die Anlage angemessen zu bewirtschaften. Und all diese Leute und ihre Familien mussten irgendwo wohnen – und dies am besten in der Nähe, aber bitte ohne den Blick auf die Ruhr zu beeinträchtigen.

So entstand zwischen 1895 und 1914 die Siedlung Brandenbusch oberhalb der Villa Hügel. Sie wurde im englischen Cottage-Stil von Samuel Marx konzipiert,

Die evangelische Kirche ist das Wahrzeichen der Siedlung Brandenbusch oberhalb des Hügelparks. Sie wurde zwischen 1895 und 1914 eigens für die Bediensteten der Villa Hügel errichtet.

dem damaligen Kruppschen Haus- und Hofarchitekten. Die ab 1896 gebauten Doppel- und Dreifamilienhäuser auf zwei Etagen mit großen Gärten und Vorgärten gehören heute der Krupp-Stiftung. Marx entwarf sechs verschiedene Haustypen, zum Teil mit Sichtfachwerk, die meist asymmetrisch angeordnet sind – und einen Rundgang lohnen.

Siedlung Brandenbusch
Eckbertstraße/Arnoldstraße
45133 Essen

Viel bekannter noch ist die Siedlung Margarethenhöhe. Margarethe Krupp hatte sie nach dem frühen Tod ihres Mannes aus Anlass der Hochzeit ihrer älteren Tochter Bertha mit dem Diplomaten Gustav von Bohlen und

Halbach angestoßen. Zwischen 1909 und 1920 entstand südwestlich der Essener Innenstadt eine der schönsten Siedlungen überhaupt, die nach der Gartenstadt-Idee des Engländers Ebenezer Howard entwickelt wurde. Das Grundprinzip: menschenwürdige Wohnverhältnisse in Nähe der Werke oder zumindest von dort gut erreichbar. Mit ihren geschwungenen Giebeln und Laubengängen, Erkern und efeuumrankten Fassaden wirkt die für 16.000 Menschen geplante Idylle wie aus der Zeit gefallen. Übrigens: Nicht nur Kruppianer dürfen hier wohnen. Eine Stiftung wacht darüber, dass Bewohner aus allen sozialen Schichten auf der Margarethenhöhe eine Heimat finden können. Der repräsentativste Teil der Siedlung liegt an der Steilen Straße hinter dem Torhaus.

www.margarethenhöhe.de

Gastro-Tipp

Nur ein paar Gehminuten von der Steilen Straße entfernt liegt der Hülsmannshof, ein Fachwerkhaus mit urigen Deckenbalken. Das Restaurant hat deutsche Klassiker, aber auch internationale Gerichte auf der Karte. Bei warmem Wetter laden die Außenanlagen zum Verweilen ein.

Hülsmannshof
Lehnsgrund 14a
45149 Essen
T. 0201 871250
www.restaurant-huelsmannshof.de

Rares …

**Es gibt Dinge und Orte,
die sind so selten
oder einzigartig
und deshalb kostbar und
ungewöhnlich.**

Beten und destillieren

Pater Justinus kreierte in Stiepel den ersten Kloster-Gin – ein ganz besonderer Tropfen.

„Monastic Dry Gin – das ist eine Möglichkeit, Menschen darüber nachdenken zu lassen, dass ein Kloster nicht nur etwas Museales ist“, sagt Pater Justinus. Weit gefehlt, wer nun glaubt, dass der Zisterzienser Menschen mit Alkohol zum christlichen Glauben bekehren möchte. Obwohl: Das erste Wunder, das Jesus getan hat, war Wasser in Wein zu verwandeln. Geschehen auf einer Hochzeitsfeier in Kana. Das Wunder war ein Zeichen: Die Freunde von Jesus glaubten nun, dass er wirklich von Gott komme. Das erfahren wir im Johannes Evangelium 2,1–11. Alkohol und Glaube stehen also nicht unbedingt im Widerspruch.

Das sehen auch die Mönche von jeher so. Schon ab dem 7. Jahrhundert wurde in Klöstern zunächst Bier gebraut, Wein gekeltert und später auch Schnaps gebrannt. Das Bier brauten die Mönche, weil sie ein nahrhaftes und wohlschmeckendes Getränk suchten, das vor allem über die karge Fastenzeit hinweghelfen sollte. Als quasi mit kirchlichem Segen Hochprozentiges hinter Klostermauern destilliert wurde, ging es vorrangig um die Herstellung von Heilmitteln.

Mitten im Ruhrgebiet, im Kloster Stiepel in Bochum, eiferte Pater Justinus im Habit der Zisterzienser seinen brüderlichen Vorfahren in der Kunst der Schnapsbrennerei nach. 2017 destillierte er dort Gin, den ersten Kloster-Gin in Deutschland. Heute ist die Produktion im Kloster Helfta in der Lutherstadt Eis-

Im Kräutergarten des Zisterzienser-Klosters in Bochum-Stiepel hatte Pater Justinus die Inspiration für seinen inzwischen weltbekannten „Monastic Dry Gin".

leben zu Hause. In Stiepel reichten die Räumlichkeiten für Herstellung, Lagerung und Versand einfach nicht mehr aus.

Doch die innere Eingebung zum Kloster-Gin hatte der studierte Betriebswirt und Theologe im Kloster Stiepel. Dort war Pater Justinus, der seit dem Jahre 2006 Mönch ist, zuständig für den Klosterladen. „Wir brauchten neue Produkte, um das Geschäft attraktiver zu machen", erklärt er. Dazu muss der Laie wissen, dass Klöster kein Geld aus der Kirchensteuer beziehen. Sie müssen sich selbst finanzieren. So sind die meisten laut Pater Justinus mittelständische Unternehmen.

Und wie kam er nun gerade auf Gin? „Klosterbiere gibt es reichlich, ebenso wie Liköre. Also musste es etwas Hochprozentiges sein, und da bleiben ja nur drei Möglichkeiten. Whisky: dauert aber zu lange. Rum: trotz des Klimawandels ist das mit dem Zuckerrohranbau hier etwas schwierig. Bleibt also nur Gin." Gesagt, getan. „Und: Man sollte das machen, wovon man etwas versteht", fügt der Pater an, der keinen Hehl daraus macht, dieses Getränk zu schätzen.

Die Rezeptur bleibt Pater Justinus' Geheimnis. Nur so viel sei verraten: Zum Wacholder, der als Rohstoff aus der Toskana kommt, werden Kräuter wie zum Beispiel Koriander, Ingwerwurzel und Zitronenmelisse gemischt. „Die Kraft der Stille und die Reinheit der Gedanken formen diesen Gin zu einem einzigartigen Erlebnis voller Mystik und Glanz." Mit diesen Worten machen die Zisterzienser ihren Kloster-Gin schmackhaft. Der ist nicht nur einzigartig, sondern auch erlesen. Denn jede einzelne Flasche ist nummeriert, von eins bis 600. Das ist immer eine Serie, die zum Beispiel den Namen eines Papstes oder eines Heiligen erhält. „Und so mache ich die Menschen mit dem Christentum bekannt", sagt Pater Justinus und erklärt damit seine Einlassung zum Beginn dieses Textes.

Was erst vor einigen Jahren in Bochum Stiepel, diesem wunderschönen Kloster der Neuzeit, mitten im Ruhrgebiet begann, ist bereits heute eine Erfolgsgeschichte. Von Hamburg bis München sowie in Österreich, wo in Heiligenkreuz die Mutterabtei des Klosters Stiepel ist, wird der klösterliche Gin schon verkauft. Selbst bis nach Paris, in einen Klosterladen an der Rue des Petits Champs im zweiten Arrondissement, hat es der edle Schnaps, den es inzwischen auch als fass-gereiftes Produkt gibt, geschafft.

Im schön gelegenen Kloster Stiepel, das allein einen Besuch wert ist, befindet sich auch der Klosterladen, in dem es den Gin zu kaufen gibt.

Kloster Stiepel
Am Vahrenholt 9
44797 Bochum
T. 0234 77705
www.kloster-stiepel.org

Gastro-Tipp

Restaurant und Café Klosterhof
Am Vahrenholt 17
44797 Bochum
T. 0234 795553
www.klosterhof-stiepel.de

Der Mann mit dem roten Schal

Einer der Schätze im Deutschen Plakat Museum. In Essen stapeln sich mehr als 350.000 Exponate.

Stellen Sie sich einen 120 Meter hohen und schlanken Turm vor. Zum Vergleich: Der Eiffelturm in Paris misst 300 Meter. 120 Meter hoch wäre der Stapel aller 350.000 Plakate, die im Deutschen Plakat Museum in Essen lagern. Hinzu kommen noch einmal rund 30 Meter Verpackungsmaterial, womit die Höhe eines Wolkenkratzers erreicht ist. Aufbewahrt werden die Plakate auf 700 Quadratmeter Fläche in 300 Grafikschränken im Depot im Keller. Das Plakat Museum ist ein eigenständiges Museum innerhalb des weltweit renommierten Museums Folkwang – also eine Art Untermieter.

Das sind beeindruckende Zahlen, die uns René Grohnert, der Leiter des Deutschen Plakat Museums, erzählt. Und: Die einzigartige Sammlung wächst. „Jährlich kommen rund 1000 Plakate hinzu", sagt er. Um die Auswahl – pro Jahr gibt es 100.000 neue Motive –, Bewertung, exakte Lagerung und Digitalisierung kümmern sich drei Menschen. Auch das ist beeindruckend.

Zu sehen sind die Plakate natürlich auch – schließlich sind es Kunstobjekte. Allerdings immer nur ein paar. Rund 100 kommen in eine Ausstellung, die immer zeitlich begrenzt ist. Denn: „Papier ist nicht für Dauerausstellungen geeignet. Licht zerlegt Papier", erklärt Grohnert und räumt ein, dass diese weltweit größte Sammlung „Lust und Last" zugleich ist. Die „artge-

Nur noch 20 Exemplare gibt es vom wohl berühmtesten Plakat der Welt: „Der Mann mit dem roten Schal". Es wurde von Henri de Toulouse-Lautrec gestaltet und zeigt den französischen Kabarett-Sänger Aristide Bruant. Wert pro Stück: 100.000 Euro.

rechte" Lagerung erfordert hohen Aufwand. Gestapelt werden sie schon, die Plakate – nach Format und Papier. Da darf zum Beispiel das alte holzhaltige mit dem neuen chlorgebleichten Papier nicht zusammenkommen. So liegen immer 25 Plakate, getrennt mit Seidenpapier, in einer Mappe, diese wiederum im Grafikschrank. Luftfeuchtigkeit und Temperatur müssen im Depot stets gleich sein, denn zu große Unterschiede zwischen feucht und trocken schaden dem Papier. „Aber es ist schon erstaunlich, wie die Materialien durchhalten", sagt René Grohnert.

Der Museumsleiter ist besonders stolz auf ein ganz altes Plakat von 1892 – das älteste im Museum und ein echtes Meisterwerk. Henri de Toulouse-Lautrec (1864–1901) hat es gestaltet und selbst mit abgezogen. Es ist das weltbekannte Plakat „Ambassadeurs: Aristide Bruant dans son cabaret". Es zeigt den französischen Kabarettsänger, den Mann mit dem roten Schal. In welcher Auflage das Plakat seinerzeit gedruckt wurde, lässt sich heute nicht mehr sagen. „In der Regel wurden Plakate 100 bis 1000 mal gedruckt", weiß Grohnert, und er schätzt, dass etwa 20 Originale auf der Welt vorhanden sind. Preis pro Stück: um 100.000 Euro.

Dass das Plakat in Essen ein echtes ist und kein Nachdruck aus der Schweiz, das als Original angeboten wird, ist sicher. „Die Farben, die Toulouse-Lautrec benutzt hat, stammen aus Hannover. Wie auf dem Plakat in unserem Bestand. Wir sind auch sicher, dass wir noch Fingerabdrücke vom Maler auf ihm finden würden", so Grohnert. Nur, das mit den Vergleichsabdrücken wird schwierig. Neben diesem gehören weitere acht Plakate von Toulouse-Lautrec und etliche aus der Zeit um 1900 von anderen französischen Malern zur Sammlung. Denn besonders in Frankreich nahmen sich Künstler zu jener Zeit der Gestaltung und der Herstellung der Plakate an. Der Maler, Lithograf und Grafiker Jules Chéret (1836–1932) gilt als Pionier der Plakatkunst. Er entwarf künstlerische Werbeplakate, zum Beispiel für Opernaufführungen. Der populärste Künstler aber ist wohl Henri de Toulouse-Lautrec.

Das Deutsche Plakat Museum wurde in seiner jetzigen Form 1969 auf Initiative eines Vereins gegründet.

Sein Nachfolger, das Deutsche Plakat Forum e.V., unterstützt und fördert das Museum heute. In Essen werden Plakate aus Politik, Wirtschaft und Kultur gesammelt.

Den Anfang der Plakat-Geschichte datiert René Grohnert mit dem Beginn der Industrialisierung um 1820/1830. Die Plakate sind nicht nur schöne Bilder zum Anschauen, sondern auch historische Dokumente aus Politik und Wirtschaft. So sind in Essen insbesondere frühe deutsche Plakate von 1880 bis 1914, der Weimarer Republik (1919 bis 1933), Plakate aus der DDR (1949 bis 1989) und deutsche Plakate von 1948 bis in die Gegenwart zu sehen.

Deutsches Plakat Museum
im Museum Folkwang
Museumsplatz 1
45128 Essen
T. 0201 8845000
www.museum-folkwang.de

Gastro-Tipp

Im Museum Folkwang befindet sich ein stylisches Café/Bistro mit einer schönen Terrasse im Innenhof. Wer es klassisch-französisch mag, der geht am besten in Paul's Brasserie – nur wenige Gehminuten entfernt.

Paul's Brasserie
Huyssenallee 7
45138 Essen
T. 0201 26675976
www.pauls-brasserie.de

Ein Ort des Glaubens in Höhe der Mittellinie

Die ökumenische Kapelle in der Schalke-Arena war die erste in einem deutschen Fußballstadion.

Draußen tobt der Bär. Volle Hütte in der Arena „Auf Schalke". 62.000 Fußballfans grölen aus bald heiseren Kehlen, die mit alkoholfreien Bierchen immer wieder gekühlt werden. Die meisten aus der sangeslustigen Schar auf den Rängen sind natürlich Anhänger der Blau-Weißen. Unten auf dem grünen Rasen nimmt das Spiel seinen Lauf.

Nur wenige Meter vom Spielfeld entfernt, im tiefen Innern des Fußballtempels, herrscht indes absolute Ruhe. Jetzt, während das Spiel läuft, ist der rechteckige, 70 Quadratmeter große, weiß getünchte Raum leer. Die Glastüren sind geschlossen. Doch noch vor kurzer Zeit haben hier, in der christlichen Kapelle der Arena, Menschen gebetet, Einkehr gehalten. Andere haben einfach nur mal reingeschaut.

Geweiht wurde die Kapelle am Eröffnungstag der Arena „Auf Schalke", am 12. August 2001. Sie war die erste Kapelle in einem deutschen Fußballstadion. Heute gibt es auch in Frankfurt, Berlin und Wolfsburg einen Raum der Andacht.

„Das ist hier keine Zauberbude", sagt der evangelische Pfarrer Ernst-Martin Barth. „Hier laufen keine Fahnen schwenkenden Fans im Schalke-Trikot auf. Diese ökumenische Kapelle wird von gläubigen Menschen aufgesucht. Gottesdienste werden gelesen, Kinder getauft, Ehen vor Gott geschlossen, Ehejubiläen gefeiert sowie Trauer- und Gedenkgottesdienste gehalten.“ Rund 60 Taufen und 20 Trauungen führt er im Jahr durch. Ein Drittel der gläubigen Schalke-Fans gehört der katholischen Kirche an. So gibt es neben dem evangelischen auch einen katholischen Priester. Die beiden spielen quasi Doppelpass.

Eigentlich ist es eine verrückte Idee, im Kern eines supermodernen Fußballstadions eine Kapelle einzurichten. Die damaligen Vorstandsmitglieder Josef Schnusenberg, Gerd Rehberg, viele Jahre Bürgermeister der Stadt Gelsenkirchen, und Manager Rudi Assauer hatten diese. Ihre Begründung ist einleuchtend: Der Verein Schalke 04 hat für die Menschen eine so große Bedeutung, dass sie sich auch in sehr persönlichen Notsituationen an ihn wenden. Mit einem Ort der Stille wollte die Vereinsführung einen Anlaufpunkt bieten, ein Zeichen setzen. Außerdem hatten Schalke-Fans gefragt, ob sie sich in der Arena das Ja-Wort geben und ihre Kinder taufen lassen können. Weder die evangelische noch die katholische Kirche hatte einen Einwand. Und so wurde die Kapelle eingerichtet.

Alexander Jokisch, der sakrale Kunst gestaltet, hat die 70 Quadratmeter große Arena-Kapelle konzipiert. Die Wände des rechteckigen Raumes sind weiß. Das warm-weiße Licht leuchtet jeden Winkel, jede Fläche gleichmäßig aus. Es gibt weder Spots noch Effekte. Betritt der Besucher den Andachtsraum durch die Glasflügeltür, schreitet er durch ein geteiltes Kreuz. Die unterschiedlich kräftigen Linien in schwarz-grau Schattierungen auf demselben Weiß wie das der Wände stellen weitere Kreuze dar. Hinter dem kleinen, weißen Al-

Ort der inneren Einkehr inmitten des Fußballtrubels: Die Kapelle in der Schalke-Arena wird von Menschen aller Glaubensrichtungen aufgesucht.

tar schaut der Betrachter auf ein elfteiliges Gemälde im gleichen Stil. Dort sind es Lebenslinien, die in schwarz bis grau hin zu einem weißen Lichtpunkt verblassen. Das Licht am Ende des Tunnels, um es ganz weltlich auszudrücken.

Schaut man von der Mittellinie des Stadions in den Spielertunnel, sieht man den Altar. So entsteht die Verbindung zwischen Fußball und Religion. Doch es gibt klare Grenzen. In der Kapelle gibt es keine blau-weiße Fahne, keine Devotionalien, nichts. „Die Kapelle bleibt weiß und karg. Die Substanz des Raumes ist die Leere, damit wir von nichts abgelenkt werden", sagt Pfarrer Ernst-Martin Barth.

Nur die Schalke-Bibel liegt auf dem kleinen Altar. Sie ist eine echte Bibel, die alle Brautpaare und Tauffamilien erhalten – nur gebunden im Schalke-Outfit und mit einem umfangreichen Erklärteil. Darin geht es auch um die innige Verbindung zwischen den beiden Kirchen und dem Verein. Besonders berührend ist das Gespräch mit Abwehr-Ass Thilo Kehrer, der wörtlich sagt: „Mein Talent habe ich von Gott."

Ganz in der Nähe, quasi im Schatten der Arena, befindet sich ein zweiter ungewöhnlicher Ort. Dort, am angrenzenden kommunalen Friedhof Beckhausen/Sutum können die Fans der Königsblauen ihre letzte Ruhestätte finden. Rings um ein kleines Fußballfeld mit echten Toren reihen sich wie auf Zuschauerrängen 1904 Grabstätten. Im Mittelkreis des Spielfeldes ist das Vereinswappen mit blau-weißen Pflanzen angelegt. Der Fan-Friedhof Schalke 04 ist mit einem blau-weißen Metallzaun, wie er bei kleinen Fußballplätzen üblich ist, umgeben. Die blauen Laternen erinnern an Flutlichtmasten.

Führungen durch das modernste Stadion Europas sowie Besuche der Kapelle sind nur mit Anmeldung möglich: www.store.schalke04.de

Das Servicecenter ist erreichbar unter
0180 6221904.
Anfahrtswege und weitere Infos:
www.schalke04.de

Spektakuläre Lichtkunst im Brauereikeller

Bis zu elf Meter tief unter der Erde tut sich dem Besucher in Unna eine neue Welt auf.

Licht, was ist das überhaupt? Licht ist eine Form der elektromagnetischen Strahlung, so steht es im Lexikon. Michael Faraday war es, der 1846 als Erster herausfand, dass Licht und Magnetismus zwei verbundene physikalische Phänomene sind. Das soll als wissenschaftliche Erklärung hier genügen.

Was verbinden wir mit Licht? Die Sonne, Helligkeit und Wärme, was dazu führt, dass wir uns wohlfühlen. Mit Licht haben wir die Dunkelheit besiegt, haben keine Angst mehr und können die Nacht zum Tag machen.

Und was ist das Licht am Ende des Tunnels? Hoffnung, Zuversicht, das Ende einer langen, schwierigen Strecke – physisch oder psychisch.

Kurzum: Wir brauchen Licht zum Leben und erfreuen uns dran. Wobei das natürliche Licht viel wertvoller ist als das künstliche. Oder doch nicht?

Nun, Licht ist auf jeden Fall faszinierend. Und wie faszinierend es sein kann, dass beweisen zum Beispiel Künstler, die das Licht als Material für ihre Werke entdeckt haben. Bei ihren Installationen macht das Licht allein noch kein Kunstobjekt. Es benötigt Räume, Projektionsflächen, Behältnisse aus denen heraus es leuchtet und vor allem Dunkelheit.

Im Zentrum für Internationale Lichtkunst in Unna, im denkmalgeschützten Gebäude der Lindenbrauerei von 1859, begegnet der Besucher dieser zeitgenössi-

Elf Meter unter der Erde, in den Gärbecken und Kühlräumen der Lindenbrauerei in Unna, residiert das Internationale Zentrum für Lichtkunst mit Installationen weltberühmter Künstler.

schen Kunstform. Zehn bis elf Meter tief unter der Erde, in die ehemaligen Gärbecken und Kühlräume der Brauerei, dringt kein Sonnenstrahl hinein. Gäbe es also das künstliche Licht nicht, wäre es stockfinster. Zu Zeiten der Braukunst wurde dort unten einfach beleuchtet. Zu Zeiten der Lichtkunst wird dort unten installiert und illuminiert. „Die Welt da oben hat nichts mit der Welt zu tun, auf die man hier unten trifft", sagt Museumsdirektor John Jaspers.

Seit 2001 gibt es in dieser Kunstwelt unter der Erde auf 2600 Quadratmetern 13 feste Installationen, hinzu kommen regelmäßig Wechselausstellungen. Dieses

Museum verfügt über eine weltweit einmalige Sammlung von Lichtkunstobjekten. „Jede der Installationen wurde eigens für die Räume geschaffen und ist in ihrem ästhetischen wie technischen Auftritt individuell auf diesen Ort zugeschnitten" heißt es in der Beschreibung des Lichtkunstzentrums.

Zwei Arbeiten des US-amerikanischen Künstlers James Turrell (geboren 1943 in Los Angeles) sind die Kernstücke der Dauerausstellung: „Floater 99" und „Third Breath". Turrell ist einer der bedeutendsten Akteure dieser Kunstform. Die Wahrnehmung von Raum und Licht steht im Zentrum seines Schaffens.

Das Zentrum für Internationale Lichtkunst zu finden, ist übrigens recht einfach. Denn der 52 Meter in den Himmel ragende Schornstein der ehemaligen Lindenbrauerei ist aus weiter Ferne sichtbar. Auch er ist durch die Arbeit des Italieners Mario Merz zu einem Kunstobjekt „mutiert". Merz hat diesem Wahrzeichen – einst und jetzt – die Fibonacci-Folge aufgedrückt. Jede Zahl ist ein Pinselstrich, ein Unikat. Bei dieser Folge von Zahlen ergibt sich die jeweils folgende durch die Addition ihrer beiden vorherigen: 0, 1, 1, 2, 3, 5, 8 usw. Sie sind ein Sinnbild für die Gesetzmäßigkeit des Wachstums. Der Mathematiker Leonardo Fibonacci hat die Formel zu Beginn des 13. Jahrhunderts zur Berechnung von Spiralen entdeckt.

Für Dauerausstellung und Lichterlebnisse ist eine Anmeldung erforderlich. Die Anzahl der Besucher ist limitiert. Das Museum befindet sich direkt am Anfang der Fußgängerzone mit Geschäften und Gastronomie.

Zentrum für internationale Lichtkunst
Lindenplatz 1
59423 Unna
T. 02303 103751
www.lichtkunst-unna.de

Gastro-Tipp

Die Lindenbrauerei ist ein Kulturzentrum und bietet viele verschiedene Veranstaltungen an. Die Kultur-Kneipe darin heißt Schalander.

Lindenbrauerei
Rio-Reiser-Weg 1
59423 Unna
T. 02303 251120
www.lindenbrauerei.de

Schwarze Rösser und Salonwagen

Im Bochumer Eisenbahnmuseum geraten Dampflok-Fans ins Schwärmen.

Schnaubend und unter Dampf fährt die schwarze Lokomotive in den Bahnhof Essen-Katernberg ein. Auf dem Bahnsteig stehen Frauen und Männer. Sie winken mit Taschentüchern. Eine Kapelle spielt. Der Empfang ist perfekt. Aus dem Zug aber steigt kein Staatsoberhaupt, kein Prominenter. Es ist der Bergmann Richard aus Essen, der mit vielen anderen aus russischer Kriegsgefangenschaft heimkehrt. Wir schreiben das Jahr 1954.

Zeitreise: Es ist Juni 2002. Auf dem nostalgischen Bahnsteig im Eisenbahnmuseum Bochum-Dahlhausen wird gedreht. Der Film heißt „Das Wunder von Bern“. Er erzählt die Geschichte des sensationellen Sieges der deutschen Fußball-Nationalmannschaft bei der Weltmeisterschaft 1954 in Bern (3:2 gegen Ungarn) und die des Kriegsheimkehrers Richard, gespielt von Peter Lohmeyer. Mit seinem Eintreffen in Essen beginnt der Film. „Der Aufwand ist relativ hoch, weil es auch im Ruhrgebiet nicht mehr so viele Plätze gibt, die das Flair der 1950er Jahre ausstrahlen“, sagt Regisseur Sönke Wortmann auf dem Set im Bochumer Süden.

Längst fahren Dampfrösser nicht mehr durchs Ruhrgebiet. Aber im Eisenbahnmuseum Dahlhausen lebt ihre Geschichte. Mehr als 120 Schienenfahrzeuge, Loks und Wagen, von 1853 bis heute, sind dort zu bestaunen. Der Erhalt und die liebevolle Restaurierung der alten Schätzchen liegt den rund 100 ehrenamtli-

Zu den Attraktionen des Eisenbahnmuseums in Bochum-Dahlhausen gehört die Drehscheibe, mit deren Hilfe die Loks auf das richtige Gleis gesetzt werden.

chen Mitarbeitern am Herzen. Auch die Rekonstruktion des eisenbahn-typischen Umfelds mit Gebäuden und technischen Anlagen wie der Drehscheibe haben sie sich zur Aufgabe gemacht. Nicht nur Eisenbahn-Romantiker sind begeistert.

Eintauchen in die Filmkulisse einerseits, wirkliche Vergangenheit spüren andererseits – beides ist möglich in diesem ehemaligen Bahnbetriebswerk, das heute das größte private Eisenbahnmuseum in Deutschland ist.

Da gibt es nämlich den legendären Schlafwagen 10222 von 1937, der deutsche Geschichte dokumentiert. Der Wagon gehörte zunächst zum persönlichen Dienstzug von Adolf Hitler. Nach dem Zweiten Weltkrieg reisten US-amerikanische Generäle, unter anderen Dwight D. Eisenhower, der spätere 34. Präsident der Vereinigten Staaten von Amerika, in ihm durch das besetzte Land. 1949 ging der luxuriöse Salonwagen in den Besitz der Bundesrepublik Deutschland über. Nach kleinem Umbau und Renovierung wurde der Wagen von der Regierung und dem Bundespräsidialamt für Sonderfahrten und Staatsbesuche genutzt.

Kein anderer Salonwagen in Deutschland hat so viele berühmte und berüchtigte Häupter unter seinem Dach auf Schienen bewegt. Die Bundeskanzler Konrad Adenauer und Willy Brandt, die Bundespräsidenten Theodor Heuss, Heinrich Lübke und Gustav Heinemann nutzen ihn ebenso wie die Staatsgäste Queen Elisabeth II. und der Schah von Persien.

Nicht nur die Lokomotiven und Wagons versprühen nostalgischen Charme. Das Bahnbetriebswerk selbst, von 1916 bis 1918 gebaut, ist ein Zeitzeuge. Bis 1925 wurden die Loks der ganzen Region dort untersucht und repariert. Von da an hatte Dahlhausen/Ruhr eigene Loks und Fahrpersonal, das die Schwarzen Rösser vor die Kohlenwagons spannte und in erster Linie den Verkehr zwischen Zechen und Hüttenwerken abwickelte.

Im Zweiten Weltkrieg wurde das Betriebswerk durch Bomben stark beschädigt, aber wieder aufgebaut. Mitte der 1960er Jahre fertigte es täglich noch 2000 Güterwagen ab. Der Niedergang des Bergbaus machte Dahlhausen überflüssig. Die Anlage wurde am 1. August 1969 als eigenständige Dienststelle geschlossen. Schon im Jahr zuvor hatte die Deutsche Gesellschaft für Eisenbahngeschichte damit begonnen, Teile des Geländes Zug um Zug wieder in den Zustand der alten Dampflok-Zeit zu versetzen.

Heute fahren ab Dahlhausen zahlreiche Nostalgie-Züge. Die Touren können online gebucht werden.

Eisenbahnmuseum Bochum
Dr.-C.-Otto-Straße 191
44879 Bochum
T. 0234 492516
www.eisenbahnmuseum-bochum.de

Grubenpferd Fritz bewacht die Cranger Kirmes

Das größte Volksfest des Reviers in Herne lockt Anfang August über vier Millionen Menschen an.

„Piel op no Crange". Das ist Plattdeutsch und heißt soviel wie „Auf nach Crange". Mit diesen Worten sticht traditionell der Herner Oberbürgermeister immer Anfang August das erste Pils-Fass auf der Cranger Kirmes an. Und dann geht's im Revier rund. Was den Bayern ihr Oktoberfest und den Schwaben ihre Cannstatter Wasen ist dem Ruhrgebietler einfach „Crange".

Der Rummel wird jährlich von mehr als vier Millionen Menschen besucht und ist damit eines der größten Volksfeste in Deutschland. Nur nach München kommen jeweils Ende September mit sechs Millionen Gästen halt ein paar mehr. Was soll's? Das Bier fließt am Rhein-Herne-Kanal ebenso in Strömen die durstigen Kehlen hinunter wie an der Isar.

500 Schausteller sorgen mit Buden und Fahrgeschäften für Kirmes-Spaß bei Jung und Alt. Während die Schieß- und Losbuden eher nostalgisches Flair verbreiten, sorgen die Fahrgeschäfte für Nervenkitzel. Jedes Jahr eine noch schnellere Achterbahn mit gewagten Loopings, noch eine rasantere Fahrt, die an die Grenze der körperlichen Belastbarkeit reicht.

Auch das Dirndl und die Lederhose haben im Ruhrgebiet mittlerweile Einzug gehalten, aber längst nicht mit diesem Kultstatus wie im Süden der Republik. Gleichwohl: Festzelte mit Ramba-Zamba gibt's auch auf „Crange".

Die Ursprünge der Cranger Kirmes sind trotz aller Nachforschungen der Historiker bis heute unbekannt. Sicher sind sich die Geschichtsschreiber darüber, dass die Kirmes erstmals 1703 erwähnt wurde, und zwar in einem Schriftstück der Königlich Preußischen Regierung an einen gewissen Herrn von Rump zu Crange. Darin wird ihm bestätigt, dass er das Recht hat, einen Jahrmarkt abzuhalten. Über den Beginn wird auch mit einem Kirchweihfest im Jahre 1484 spekuliert. Die Nationalsozialisten legten das Jahr 1935 willkürlich fest. 1990 hieß es, es sei die 555. Cranger Kirmes. Es wird immer wieder neu gerechnet. Derzeit gilt: 2019 war es die 535. Kirmes – bis jetzt.

Ach ja, ein Maskottchen hat die Cranger Kirmes auch: Das ist Fritz. Und der Fritz, das ist ein stilisiertes Grubenpferd mit Schutzhelm und Kopflampe. Entworfen wurde es 1996 von Dietmar Kremer. Ein Jahr später wurde eine 1,60 Meter große und 400 Kilogramm schwere Bronzefigur von Fritz angefertigt. Seitdem bewacht das Grubenpferd den Haupteingang „Auf Crange“.

www.cranger-kirmes.de

Eine Farbe außerhalb der Dimensionen

Die „Blauen Reliefs" von Yves Klein im Gelsenkirchener Musiktheater ziehen Kunst- und Architekturfans an.

Samstagnachmittag: Schalke spielt gleich. Tausende Fans der Königsblauen quetschen sich im Hauptbahnhof Gelsenkirchen in die Straßenbahn Linie 302. Die bringt sie direkt zu den Toren der Arena. Nach einer Station taucht die unterirdische Tram im Tageslicht auf. Geradeaus liegt das Musiktheater im Revier (MiR). Es gehört zu den bedeutendsten Theaterbauten der Nachkriegszeit. 1959 von Werner Ruhnau entworfen, wird das MiR wegen der gelungenen Integration von Architektur und Bildender Kunst weltweit geschätzt. Wer jetzt durch die Glasfront mit weißen Profilen den Blick ins Foyer schweifen lässt, erlebt im wahrsten Wortsinn ein blaues Wunder. Von den Wänden strahlt dem Betrachter ein sattes Ultramarinblau entgegen.

Die aufgedrehten Fußballanhänger werden es wohl kaum bemerken. Macht nix! Schließlich hat das Blau ja so absolut gar nichts mit den Blau-Weißen zu tun. Is ja auch ganz anders dat Blau.

Es ist das Blau von Yves Klein (1928–1962), dem französischen Maler, Bildhauer und Performance-Künstler, dem Mitbegründer der Kunstströmung Noveau Réalisme. Blau war für ihn eine Farbe außerhalb der Dimensionen. „Alle Farben haben konkrete Dinge im Gefolge, während das Blau höchstens an das Meer oder den Himmel erinnert, und damit an den höchsten Grad von Abstraktheit innerhalb der sichtbaren und

Die „Blauen Reliefs“ von Künstler Yves Klein machten das Musiktheater im Revier in Gelsenkirchen europaweit bekannt, ebenso wie die für einen Theaterbau wegweisende Architektur von Werner Ruhnau.

greifbaren Natur“, hat der Künstler seine Obsession für diese Farbe einmal erklärt.

Die „Blauen Reliefs“ im Musiktheater im Revier werden heute als die bedeutendsten Arbeiten von Yves Klein bewertet. Während der Bauzeit des Theaters mit einem Kleinen und einem Großen Haus entwickelte der Franzose, der übrigens in Nizza am Mittelmeer geboren wurde, in Zusammenarbeit mit dem Architekten Werner Ruhnau diese speziellen wandhohen Reliefs.

Werner Ruhnau wurde 1957 nur durch Zufall beim Besuch einer Galerie in Paris auf die monochromen Arbeiten von Klein aufmerksam und war sofort begeistert. „Im Bild auf Form und Vielfarbigkeit zu verzichten, entsprach meinen Gedanken, die Theater-Architektur von materiellen Elementen ... und Vielfarbigkeit zu befreien, um einen leeren Spielraum für Darstellende Kunst zu gewinnen“ hat Ruhnau einst seine Motivation, mit dem damals eher unbekannten Künstler die Innenausstattung des Theaters zu gestalten, begründet. 1958 stimmte der Gelsenkirchener Stadtrat dieser Auftragsarbeit zu.

Die Reliefs, sechs monumentale Monochrome von beispielsweise 3 mal 9, 5 mal 10 oder 7 mal 21 Metern, bestehen teilweise aus Naturschwämmen aus Tunesien. In den Schwämmen sah Yves Klein „ungebändigte Naturformen.“ Durch die blaue Verfremdung der eigentlichen beige-braunen Schwämme wollte der Maler „die Suggestion eines elementaren Blühens der Materie“ erreichen. Die Reliefs sind allesamt eigenständige Kunstobjekte und keinesfalls als Bestandteile der Wände zu sehen. Steht man vor ihnen, ziehen sie das Auge des Betrachters magisch an. Man hat das Gefühl, in sie eintauchen zu wollen, ja zu können.

Das Blau ist, wie anfangs beschrieben, ein Ultramarinblau – so leuchtend und intensiv wie kaum ein anderes Blau. Es wurde zu Yves Kleins Markenzeichen.

Für Architekturfans gibt es spezielle Führungen durch das Musiktheater. Informationen und Anmeldungen:

Musiktheater im Revier
Kennedyplatz
45881 Gelsenkirchen
T. 0209 4097200
www.musiktheater-im-revier.de

Gastro-Tipp

In gerader Linie Richtung Innenstadt führt der Weg zum besten Eis in der Stadt. Das Eiscafé „Graziella“ beglückt auch mit feinstem hausgemachten Kuchen. 200 Meter weiter erwarten den Gast bei „Graziella 2“ italienische Momente mit Vino, Antipasti, Pasta und viel mehr.

„Graziella“
Ebertstraße 9
45879 Gelsenkirchen
T. 0209 146486

„Graziella 2“
Neumarkt 1
45879 Gelsenkirchen
T. 0209 1489855

Ein göttliches Signal am Eisenbahnknotenpunkt

In Hamm steht der zweitgrößte tamilische Hindu-Tempel Europas.

Siva Sri Arumugam Paskarakurukkal war gerade mal 22 Jahre jung, als er als Bürgerkriegsflüchtling von Sri Lanka über Südindien, Moskau und Ost-Berlin weiter nach Frankreich wollte. Das war 1985. Damals fuhr der D-Zug aus Osten noch über den Eisenbahnknotenpunkt Hamm in Richtung Paris. Auf der Strecke zwischen Ost-Berlin und Hamm traf der junge Hindu einen Landsmann, der ihn wohl davon überzeugen konnte, mit ihm in Hamm auszusteigen. Drei Monate später stellte er mit Hilfe einer Anwältin einen Asylantrag und engagierte sich für rund 300 junge Tamilen, die vor ihm in der ostwestfälischen Stadt gestrandet waren und jegliche familiäre Beziehungen verloren hatten.

Dann, so wird überliefert, habe Siva Sri Arumugam Paskarakurukkal eine Eingebung gehabt, ein Signal der Göttin Kamadchi empfangen. „Ich bin hier her gesandt, um einen Tempel zu bauen." Und er, der Oberste Priester der Hinduistischen Gemeinde in Deutschland, die heute etwa 100.000 Mitglieder zählt, tat es. Seit dem Jahre 2002 steht nun im Hammer Gewerbegebiet der größte Dravida-Tempel (südindisch) in Mitteleuropa. Der größte hinduistische Tempel in Europa überhaupt befindet sich in London und ist in dem nordindischen Nagara-Stil erbaut worden.

Der rund 1,7 Millionen Euro teure Tempel in Hamm wurde ausschließlich durch Spenden und von Darlehen finanziert. Architekt des sakralen Gebäudes mit einer

Der Hindu-Tempel in Hamm ist der zweitgrößte seiner Art in ganz Europa. Zum alljährlichen Tempelfest kommen bis zu 25 000 Gläubige.

Grundfläche von 730 Quadratmetern ist der Hammer Heinz-Rainer Eichhorst. Seine Vorlage war der Kamakshi-Tempel in Kanchipuram (Südindien). Unendlich viele Skulpturen und Verzierungen prägen das eindrucksvolle Haus, dessen Tempelturm 17 Meter hoch über das Gewerbegebiet ragt.

Eine Granit-Statue der Göttin Kamadchi, die mit den Augen der Liebe, ist Hauptfigur in diesem ihr geweihten Tempel. 200 weitere figürliche Gottheiten umgeben Kamadchi. Höhepunkt des religiösen Jahres ist das Tempelfest, zu dem bis zu 25.000 Gläubige aus ganz Europa kommen. Dabei wird die Statue der Göttin in einer Prozession um den Tempel getragen. Bei dieser Zeremonie werden die Stadt und die dort lebenden Menschen gesegnet.

Dass dieser Hindu-Tempel nun gerade in Hamm gebaut wurde, ist sicher ein purer Zufall. „Der Weg der Götter ist unergründlich“, sagt Ulrich Kroker, pensionierter Lehrer und ehemaliges Hammer Ratsmitglied sowie seit 2002 Tempelführer. Für den Obersten Priester Siva Sri Arumugam Paskarakurukkal ist die Wahl des Ortes von den Göttern so bestimmt worden.

Ganz ohne Hindernisse ging die Ansiedlung und die Integration der Hindu-Gemeinde in Hamm nicht von statten. Zunächst lebte der Oberste Priester mit wenigen Gemeindemitgliedern den Glauben in der Innenstadt. Als die Räumlichkeiten nicht mehr ausreichten, wurde mit Hilfe der Stadt und der Politik am jetzigen Standort an der Siegenbeckstraße ein geeignetes Grundstück gefunden. Die unmittelbare Nähe zum Datteln-Hamm-Kanal spielte bei der Standortsuche eine Rolle. Die spirituelle Reinigung in einem Fluss gehört zum Hinduismus. In Indien ist es der heilige Fluss Ganges.

Im Sri-Kamadchi-Ampal-Tempel sind alle Menschen willkommen. Rund 6000 Besucher nehmen jährlich an Führungen teil. „Der Tempel ist ein Zielpunkt“, sagt Ulrich Kroker, der bei der Planung des Gotteshauses Moderator zwischen Gemeinde, Politik und Verwaltung war.

Seit 2017 gibt es in Hamm einen zweiten, eher unbedeutenden hinduistischen Tempel, den Sri-Venkateswara-Perumal-Vishnu-und-Krishna-Tempel in einem ehemaligen Kinosaal in der Innenstadt. Er ist der einzige in Deutschland.

Der Sri-Kamadchi-Ampal-Tempel kann nicht individuell besucht werden. Anmeldungen zu den Führungen auf der Homepage oder telefonisch.

Sri-Kamadchi-Ampal-Tempel
Siegenbeckstraße 4-5
59071 Hamm
T. 02388 302223
www.kamadchi-ampal.de

Sri-Venkateswara-Perumal-
Vishnu-und-Krishna-Tempel
Nassauerstraße 20
59065 Hamm
02381 4266420

Ein Einfamilienhaus mit 269 Räumen

Die Villa Hügel steht für Pracht und Macht der Ruhrbarone. Der letzte Krupp-Erbe wohnte nie im heutigen Ort für Kunst und Wissenschaft.

Das Anwesen Hügel 1 gilt bis heute als eindrucksvollstes Monument der Industriegeschichte Deutschlands. Warum der prachtvolle Bau mit seinen 8100 Quadratmetern Wohn- und Nutzfläche, umgeben von einem 28 Hektar großen, wunderschönen Park, im Essener Grundbuch als Einfamilienhaus eingetragen wurde, weiß immer noch niemand.

Vermutlich hatte Konzerngründer und Bauherr Alfred Krupp (1812–1887) dabei seine Finger im Spiel, wie bei vielen anderen Vorgängen auch. Zum Beispiel bei der Gestaltung des Parks, für den er sich einen „Wald von Bäumen“ wünschte. Da es ihm viel zu lange dauerte, bis junge Bäume ein für ihn akzeptables Maß erreicht haben würden, ließ er kurzerhand eine ganze Ulmenallee und viele hundertjährige Bäume aus den Nachbarstädten in den Hügelpark verpflanzen. Eine Aktion, die heute sofort bei den Gerichten gelandet wäre. Doch mit Macht und Geld war damals alles möglich.

Alfred Krupp war durch seine Erfindung des nahtlosen Eisenbahn-Radreifens – die drei aufeinandergelegten Ringe sind noch heute das Signet der Krupp-Stiftung – und technisch ausgefeilter Geschütze zum führenden Industriellen Deutschlands geworden. Zudem pflegte er gute Kontakte zum damaligen preußi-

Der Gartensaal mit den kostbaren flämischen Wandteppichen gehört zu den eindruckvollsten Stationen beim Rundgang durch die Villa Hügel. Sie dokumentiert wie kein anderes Bauwerk die Macht und das Statusbewusstsein der Krupp-Dynastie.

schen König Wilhelm I., der nach der Reichsgründung 1871 erster Deutscher Kaiser wurde. Da hatte die Obrigkeit und auch die Gerichtsbarkeit wenig zu melden. Der Industrie-Kaiser wollte Bäume. Und die kriegte er auch. Basta!

Beim Bau der Villa Hügel gerät Alfred Krupp allerdings an seine Grenzen. Das Signal zum Bau erfolgt von Nizza aus – vermutlich der einzig harmonische Moment der Bauphase. Denn der detailverliebte Bauherr redet den Fachleuten permanent rein, sieht sich als eine Art Chef-Baumeister. „Die ehrgeizigen, durchaus renommierten und nicht uneitlen Architekten, die er sich in Berlin gesucht hat, treibt dies erst zu Wutausbrüchen, dann in die Resignation“, schreibt der Essener Journalist und Autor Frank Stenglein in seinem Buch über die Krupp-Dynastie. Während Alfred Krupp die Villa als zweckmäßige, dabei aber repräsentative „Wohnmaschine“ (Stenglein) versteht, sehen sich die Architekten als Künstler, legen mehr Wert auf Ästhetik und Proportionen als auf Haustechnik.

Als ein Teil des Rohbaus an Weihnachten 1870 wegen Bergschäden um 20 Zentimeter absinkt, feuert Krupp sogar seinen Bauleiter. Für noch mehr Konfliktstoff sorgt die von ihm entworfene Klimatisierung, die vor Infektionen und Seuchen schützen soll. Die gewünschte Frischluftventilation klappt einfach nicht. In den riesigen Räumen zieht es wie Hechtsuppe, es riecht nach Küche und die Temperatur klettert selten über 16 Grad. Als die Krupps im Januar 1873 ihr neues Domizil beziehen, ist es dort für längere Zeit sehr, sehr ungemütlich.

Erst viele Jahre später wurden unter hohen Kosten die gröbsten Mängel beseitigt und die Heizung und Lüftungsanlagen funktionierten so, dass es die Familie in der Villa Hügel zu allen Jahreszeiten aushalten konnte. Prachtvoll, wohnlich und standesgemäß gestaltete dann die nächste Generation die Räume um. Friedrich Alfred (1854–1902) und Margarethe Krupp (1854–1931) schufen die Grundlage für eine Kunstsammlung und die einzigartige Kollektion flämischer Wandteppiche von 1500 bis 1760, die bis heute die Besucher begeistern.

Die Familie Krupp bewohnte die Villa Hügel bis 1945. Das Anwesen wurde danach Sitz der Alliierten Kohlenkommission. 1952 erhielt die Familie den Besitz zurück, zog aber nie wieder ein. Bereits ein Jahr später wurde die Villa Hügel für die Öffentlichkeit zugänglich. Kunst, Kultur und Wissenschaft sollten von dort aus gefördert werden.

Der letzte Krupp, der niemals in der Villa Hügel gewohnt hatte, avancierte zum Liebling der Boulevard-Presse. Arndt von Bohlen und Halbach, geboren am 24. Januar 1938 in Berlin, gestorben am 8. Mai 1986 in München, war das einzige Kind von Anneliese und Alfried Krupp von Bohlen und Halbach. Der Tradition folgend war Arndt als alleiniger Erbe der Firma Krupp vorgesehen – bis zu seinem 28. Lebensjahr. Da entschied sich der Vater anders. Es war der Krupp-Generalbevollmächtigte Berthold Beitz, der Arndt davon überzeugte, gegen eine jährliche Apanage von umgerechnet mindestens einer Million Euro auf das Erbe zu verzichten. Fortan galt Arndt wegen seines ausschweifenden Lebensstils als „Paradiesvogel". Immer an seiner Seite: die österreichische Adelige Hetty von Auersperg, seine Ehefrau.

Das gesamte Kruppsche Betriebsvermögen ging auf die gemeinnützige Alfried Krupp von Bohlen und Halbach-Stiftung über. Da Arndt das Erbe nicht antrat, war bis zu seinem Tod fraglich, ob er den Namen Krupp seinem Namen voranstellen durfte.

Villa Hügel
Hügel 1
45133 Essen
T. 0201 616290
www.villahuegel.de

Dortmunds dunkles Geheimnis

Die Bunkeranlage, ein 4,8 Kilometer langes Tunnelsystem unter der Innenstadt, ließ das NS-Regime auch von Zwangsarbeitern bauen.

Wer Superlative sucht, wird in Dortmund schnell fündig. Das Westfalenstadion, offiziell Signal Iduna Park genannt, fasst über 81.000 Zuschauer und ist damit unbestritten die größte Fußball-Arena Deutschlands. Und: 1964 produzierten die Dortmunder Brauereien rund vier Millionen Hektoliter Bier. Nur Milwaukee in den USA braute mehr Gerstensaft. Auch gilt die Zeche Zollern, wegen ihrer opulenten Giebel und Zwiebeltürmchen gern „Schloss der Arbeit" genannt, weltweit als einmalig.

Auf einen bestimmten Superlativ würde die Westfalenmetropole eher verzichten, nämlich auf die europa- oder sogar weltgrößte Bunkeranlage unter seinem Stadtgebiet. 4,8 Kilometer lang sind die Tunnel quer durch die City, in die sich während der alliierten Bombenangriffe im Zweiten Weltkrieg bis zu 100.000 Menschen flüchteten. Dass der Bunker als „Dortmunds dunkles Geheimnis" bezeichnet wird, liegt daran, dass die gigantische Anlage von der Organisation Todt errichtet wurde, einer paramilitärischen Bautruppe des Nazi-Regimes. Diese ließ Zwangsarbeiter in den Tunneln schuften. Ein dunkles Kapitel der Stadtgeschichte.

Natürlich entsteht ein solches unterirdisches Gangsystem mit 18 Zugängen, das in bis zu 17 Metern Tiefe verläuft, nicht innerhalb von wenigen Jahren. Schon in den 1930er Jahren ging es unter dem Vorwand in den

Untergrund, dass hier später eine U-Bahn fahren sollte. Nach Kriegsausbruch wurde der Ausbau intensiviert. Die 1938 gegründete Organisation Todt führte den Auftrag mit Hilfe tausender Zwangsarbeiter und Gefangener aus. Allein in Dortmund gab es laut der Internetseite Bunker-Dortmund.de 300 Lager mit etwa 30.000 Insassen. Auch vom Außenlager Dortmund des KZ Buchenwald ist die Rede. Wie viele Menschen beim Bau ums Leben gekommen sind, weiß niemand genau.

Nach dem Krieg blieb die Bunkeranlage einige Zeit ungenutzt, ehe das Ehepaar Fleiter auf die Idee kam, im Bunkerbereich nahe der Westfalenhalle ein Bunkerhotel einzurichten. In der fast völlig zerstörten Stadt gab es ja kaum Übernachtungsmöglichkeiten. So entstanden 45 Zimmer, allesamt spartanisch eingerichtet und ohne Tageslicht, mit Gemeinschafts-Toiletten und Waschräumen. Als die neue Westfalenhalle 1952 eröffnete, profitierte auch das Bunkerhotel davon. Boxer, Eisläufer und andere Promis stiegen hier ab. Mit dem wachsenden Hotelangebot endete die Existenz mit der Schließung 1984.

Pläne, das in dieser Form wohl einmalige Bunkersystem touristisch zu nutzen oder dort eine Shopping-Mall und sogar eine Diskothek zu errichten, wurden schnell ad acta gelegt: Die aufwendige Klimatisierung, der Kampf gegen Feuchtigkeit wären viel zu teuer geworden, Brandschutz- und Sicherheitsauflagen wohl unbezahlbar. Nicht zuletzt hätten alle Hausbesitzer mitmachen müssen, unter deren Grundstücken die Gänge verlaufen – eine Illusion.

Dortmunds dunkles Geheimnis bleibt also weiterhin im Verborgenen.

Die Frau, die nachts eingeschlossen wird

Die Goldene Madonna im Essener Dom ist die älteste Marienskulptur der Welt.

Der Kontrast könnte stärker nicht sein. Nur einen Steinwurf entfernt von der belebten, fußläufigen Einkaufsmeile Kettwiger Straße mit ihren Leuchtreklamen, Geschäften und Bratwurstbuden entfernt liegt der Essener Dom. Doch sobald das Kupfertor an der Mauer durchschritten ist, die ihn von seiner lärmenden Umgebung abschirmt, kommt der Besucher in eine andere Welt voller Ruhe und Kontemplation. Weit hinten, im stark gesicherten Bereich der Rückseite des Doms, steht die Goldene Madonna, die älteste Marienskulptur der Welt. Unkundige würden sie wohl kaum an diesem Ort mitten im Ruhrgebiet vermuten, Gläubige und Kunstkenner zieht sie dagegen seit langem in ihren Bann. Täglich beten hier viele Menschen – und noch mehr staunen.

Die Goldene Madonna gehört zum Essener Domschatz, der wichtigsten Hinterlassenschaft des Essener Frauenstiftes, das von 805 bis 1803 bestand. Geschaffen wurde sie vermutlich um das Jahr 980 während der Amtszeit der Essener Äbtissin Mathilde, einer Enkelin Kaiser Ottos des Großen. Die 74 Zentimeter hohe Figur besteht nicht aus reinem Gold. Sie wurde aus Pappelholz geschnitzt und ist mit feinem Goldblech überzogen.

Wer näher hinsieht, erkennt, dass der Heiligenschein des Jesuskindes und das Buch, das es in der linken Hand hält, reich mit Edelsteinen geschmückt ist.

Weitere Schmuckelemente, die teilweise noch im 19. Jahrhundert vorhanden waren, sind verloren gegangen. Dagegen trägt die Madonna keinen Heiligenschein. Der ursprüngliche ist vermutlich schon im 11. Jahrhundert abgenommen und an anderen christlichen Figuren angebracht worden.

Im Mittelalter konnten die Gläubigen die Skulptur auch außerhalb ihrer Kirche sehen, so bei den großen Prozessionen vor Christi Himmelfahrt und an Maria Himmelfahrt am 15. August. An Mariä Lichtmess am 2. Februar wurde die Skulptur auch mit einer goldenen Krone geschmückt, ein Hinweis auf Maria als regina coeli, die Königin des Himmels, erläutert das Bistum auf seiner Website.

Welcher Künstler die Goldene Madonna geschaffen hat und wo er lebte, ist bis heute nicht bekannt. Ebenso wenig weiß man, wer das Kunstwerk dem Essener Frauenstift übereignete. Vermutlich erhielt es im 11. Jahrhundert seinen festen Platz in Essen.

Welche spirituelle und auch materielle Bedeutung das Kunstwerk für die Kirche hat, dokumentiert sich im Bemühen, es vor den Wirren des Krieges zu retten. Schon während des Dreißigjährigen Kriegs (1618–1648) wurde die Madonna nach Köln und später nach Düsseldorf in Sicherheit gebracht. Während des Ersten Weltkriegs versteckten Kirchenmänner sie in Hildesheim, während des Zweiten Weltkriegs in Meißen.

Um die Goldene Madonna vor Dieben und Zerstörern zu schützen, geht man nach wie vor auf Nummer sicher. Jeden Abend verschwindet die weltberühmte Statue deshalb im Tresor.

Die Goldene Madonna gehört zum Essener Domschatz, entstand um 980 und gilt als älteste Marienskulptur der Welt. Jahr für Jahr kommen tausende Menschen in den Essener Dom, um im Angesicht der Madonna zu beten.

Wer der Goldenen Madonna im Dom einen Besuch abstattet, sollte sich bei der Gelegenheit auch den Domschatz anschauen, der in einem Nebengebäude ausgestellt ist. Viele weltbekannte Kunstwerke sind dort zu sehen, darunter der siebenarmige Leuchter, datiert auf das Jahr 1000, und das Essener Schwert aus dem 10. Jahrhundert, das mit Otto dem Großen in Verbindung gebracht wird, ebenso die Essener Krone aus der gleichen Zeit, die als älteste Lilienkrone der Welt gilt.

Nicht nur für Kirchenhistoriker interessant ist die Gruppe der 30 gotischen Kunstwerke, zu der Reliquien, Kreuze, Monstranzen, emaillierte Broschen aus der Zeit um 1400 und Handschriften gehören. Von besonderer Bedeutung ist dabei das Karolingische Evangeliar mit den vier Evangelien – eine Handschrift, die schon ein halbes Jahrhundert vor Gründung des Frauenstifts, also um das Jahr 800, im Rhein-Maas-Gebiet oder in Nordfrankreich entstanden ist. Die Schmuckseiten mit ihren hunde- und vogelähnlichen Motiven sind der irischen Buchmalerei nachempfunden.

Die heutige Kirche stammt aus dem 13. und 14. Jahrhundert. Seit der Gründung des Bistums Essen 1958 ist sie Bischofskirche und damit auch Dom des Ruhrbistums. Ohne besondere Tradition und verglichen mit den Bistümern Köln, Münster und Paderborn ist Essen deutlich weniger groß, reich und mächtig. Gleichwohl ist man hier, im Herzen des Ruhrgebiets, sehr stolz auf den Dom und seine Schatzkammer, die zu einer Zeitreise durch 1000 Jahre Kirchengeschichte einlädt.

Essener Dom
Kettwiger Straße 42
45127 Essen
T. 0201 2204206
www.dom-essen.de
Domschatz Essen
Burgplatz 2 (direkt am Dom)
www.domschatz-essen.de

Wo Rahn immer wieder schießen muss

Das Deutsche Fußballmuseum in Dortmund ist ein Eldorado für Fans.

„Aus dem Hintergrund müsste Rahn schießen" – Wer kennt nicht die legendäre Radioreportage des WM-Endspiels 1954 von Herbert Zimmermann. Eine ganze Nation hockte damals vor dem Volksempfänger oder starrte auf einen der wenigen Fernsehschirme, drückte der Elf von Sepp Herberger die Daumen. Der 3:2-Sieg gegen den haushohen Favoriten Ungarn war ein Urknall, ein gewaltiger Adrenalinschub für das noch unter den Folgen des Zweiten Weltkriegs leidende, geschundene Land. Bis heute gilt das Finale 1954 als bedeutendstes Spiel der deutschen Fußballgeschichte.

Millionenfach beschrieben und immer wieder erzählt wird dieses „Wunder von Bern". So hieß auch der wunderbare Film, mit dem Regisseur Sönke Wortmann die kollektive Euphorie von 1954 noch einmal aufleben ließ.

Wer die alten Zeiten einmal authentisch erleben möchte, ist im Deutschen Fußballmuseum in Dortmund bestens aufgehoben. Dort dröhnt die kultige Reportage Zimmermanns in Endlosschleife aus dem alten Radio, während die wichtigsten Spielszenen in geringer Auflösung über den Bildschirm des Röhrenfernsehers flimmern. Natürlich ist auch der Spielball ausgestellt, den sich Abwehrmann Herbert Kohlmeyer im Auftrag von Trainer Sepp Herberger unter den Nagel riss.

Wer genau hinschaut, stößt beim Besuch im Gedächtnis des deutschen Fußballs auch auf weniger bekannte Fakten. Zum Beispiel auf das so genannte Fritz Walter-Wetter. Gemeint sind damit Regen und Kälte – Bedingungen, unter denen der deutsche Mannschaftskapitän stets besondere Leistungen brachte. Im Krieg hatte sich Fritz Walter eine schwere Gelbsucht geholt und konnte seither Hitze nicht mehr gut ertragen. Der prasselnde Regen im Berner Wankdorf-Stadion war quasi ein Geschenk für den Lauterer.

Eine Sonderrolle nimmt auch Abwehrspieler Jupp Posipal (1927–1997) ein, der als 14-jähriger Vollwaise aus Rumänien gekommen war und erst 1951 einen deutschen Pass erhalten hatte. Wenn man so will, war er der erste deutsche Nationalspieler mit Migrationshintergrund, lange vor heutigen Stars wie Mesut Özil, Samy Khedira oder Leroy Sané. Übrigens: Jupp Posipal, der lange für den Hamburger SV kickte, wurde als erster Deutscher 1953 in eine Europa-Auswahl berufen – damals eine hohe Auszeichnung.

Große sowie tragische Momente des deutschen Fußballs leben in Dortmund wieder auf: Wie sich Gerd Müller 1974 auf unnachahmliche Weise um die eigene Achse dreht und zum 2:1-WM-Finalsieg gegen die Niederlande einschiebt. Wie Andy Brehme 1990 im Endspiel den entscheidenden Elfer gegen Argentinien versenkt. Und Mario Götzes Goldenes Tor im Finale 2014, ebenfalls gegen Argentinien. Natürlich wird auch das umstrittene Wembley-Tor von 1966 gezeigt. Die Besucher dürfen sogar abstimmen, ob der Ball drin war oder nicht. Die Mehrheit plädiert für „kein Tor“.

Das Beste kommt zum Schluss – dies gilt auch für den Besuch in der Walhalla des deutschen Fußballs. Da stehen doch tatsächlich einige Helden der vier deutschen Weltmeistertitel leibhaftig auf der Bühne und plaudern über ihren Sport, der für viele Menschen auf der Welt eine Art Ersatzreligion ist. Allen voran der legendäre Sepp Herberger, natürlich im regendurchtränkten Trenchcoat, denn beim WM-Finale 1954 im Berner Wankdorf-Stadion goss es wie aus Eimern. Seine Weisheiten wie „Der Ball ist rund" oder „Jedes Spiel dauert 90 Minuten" sind bis heute felsenfest im Fußballsprech verankert. Mit Paul Breitner (WM-Titel 1974) und Lothar Matthäus (1990) stehen zwei eigenwillige, echte Typen auf der Bühne, die heute so sehr vermisst werden. Thomas Müller, Philipp Lahm und Jogi Löw repräsentieren die WM-Elf von 2014, die nach dem Titel so erschreckend nachließ. Und Leroy Sané steht für die jungen Wilden, denen die Zukunft gehört. Möglich wird der Bühnentalk durch modernste Technik, sprich Hologramme, Spiegel und Folien.

Deutsches Fußballmuseum
Platz der Deutschen Einheit 1
44137 Dortmund
T. 0231 22221954
www.fussballmuseum.de

Ein Fenster für die Kathedrale des Fortschritts

Das Mosaik-Kunstwerk aus dem alten Gelsenkirchener Bahnhof symbolisiert die fünf Säulen der heimischen Wirtschaft.

„Nää, wi wöllt den groten Bahnoof nich hebben. Dann kummen all die siechten Lüe. Die wöllt wi nich." So despektierlich soll sich Friedrich Wilhelm Vattmann (1847–1902), von 1877 bis 1900 der Erste Bürgermeister Gelsenkirchens, zum geplanten Neubau des Bahnhofs geäußert haben. Offenbar und gottlob tat der erste Bürger der „Stadt der tausend Feuer" nicht die mehrheitliche Meinung der Bevölkerung kund: 1899 wurde mit dem Bau des neuen Bahnhofs begonnen, weil die Kapazitäten des alten, eigentlich nur ein Haltepunkt mit Holzhütte, bei weitem nicht mehr ausreichten. Denn seit 1871 zogen hunderttausende Menschen aus Preußisch-Polen ins Ruhrgebiet. Ihre Arbeitskraft war begehrt, in den Zechen, in den Stahlwerken.

Am 28. September 1904 wurde dann der neue Bahnhof eingeweiht, der von nun an Hauptbahnhof hieß und Fernstrecken bediente. Und sie kamen nach Gelsenkirchen, die vielen Menschen – vornehmlich aus dem Osten. Und sie hatten zweifelsfrei erheblichen Anteil am wirtschaftlichen Wachstum der Stadt und des Ruhrgebiets.

Der neue Bahnhof in Gelsenkirchen zählte damals zu den schönsten in ganz Deutschland. Der Neo-Barockbau mit seinem großen Portal glich einer Kathedrale. Nicht ohne Grund wurden die Bahnhöfe zur damaligen Jahrtausendwende „Kathedralen des Fortschritts“ oder „Kathedralen der Moderne“ tituliert. Sie waren das Symbol für den Aufstieg zu einer florierenden Industriestadt.

In Gelsenkirchen wurde dieses Symbol 1950 noch verstärkt durch den Einbau des bogenförmigen Fensters im Portal des Gebäudes. Mit dem Beginn der Wirtschaftswunderjahre nach dem Zweiten Weltkrieg erhielt die Kathedrale sozusagen ihr i-Tüpfelchen. Aus 35.000 bunten Einzelteilen stellte die Glaserei Donat aus Gelsenkirchen-Buer (heute in Datteln) das 7,75 Meter hohe und 8,20 Meter breite Mosaikfenster nach dem Entwurf des Gelsenkirchener Künstlers Professor Franz Marten her. Die Glaserei Donat, bekannt als Kunstwerkstatt für Glasmalerei und Kunstverglasung, war nach dem Krieg spezialisiert auf den Einbau von Kirchenfenstern. Also auch hier gab es einen, wenn auch zufälligen, Brückenschlag zur „Kathedrale des Fortschritts, der Moderne“.

Das 64 Quadratmeter große Buntglasfenster stellt nicht nur eine Parallele zu dem Baustil des Bahnhofs mit dem einer großen Kirche her. Das Motiv, „Die fünf Säulen der Gelsenkirchener Wirtschaft“, identifiziert mit der Heimat. Das Augenmerk des Betrachters richtet sich zunächst auf den Mittelteil des Fensters, in dem von links nach rechts eine Chemie-Laborantin mit Reagenzglas, ein Glasbläser mit Blasrohr, ein Bergmann mit Grubenlampe und Abbauhammer, ein Stahlkocher mit Stahlzange und eine Schneiderin mit Stoff und Maßstab dargestellt sind. Unter jeder Person – also auf dem Fuß des Fensters – befindet sich der Schriftzug des Berufsstandes: Chemie, Glas, Kohle, Stahl & Eisen, Bekleidung. Zu jedem Beruf entwarf Franz Marten ein Signet. Im bogenförmigen Kopfteil des Fensters steht „Gelsenkirchen“ vor dem Hintergrund von Industrieanlagen.

1978 wurde der Bahnhof abgerissen und durch einen bis heute umstrittenen hässlichen Neubau ersetzt. Die geschichtliche Bedeutung des alten Bahnhofs wurde nicht erkannt. Zumindest aber wurde das historisch wie ebenso künstlerisch wertvolle Bahnhofsfenster gerettet. Seit 1982 hängt es an der Front des ehemaligen Boecker-Kaufhauses am Bahnhofsvorplatz. Die Stadt hat es 2005 in die Denkmalliste aufgenommen. Allein schon deshalb gebührt dem alten Bahnhofsfenster eine würdigere Umgebung.

Ehemaliges Boecker-Kaufhaus
Bahnhofsvorplatz 10
45879 Gelsenkirchen

Perfekte Formen im Kesselhaus

Auf Zollverein hat sich eines der besten Design-Museen der Welt etabliert.

Schon der Standort gilt als Design pur. Dabei handelt es sich nicht um einen Gebrauchsgegenstand, sondern um eine riesige Zeche, auf der täglich bis zu 12.000 Tonnen Steinkohle gefördert wurden. Auf Zollverein verbanden die beiden Industriearchitekten Fritz Schupp und Martin Kremmer die technischen Anforderungen eines solchen Betriebs mit einem hohen ästhetischen Anspruch. Die sachlich reduzierte Formensprache, angelehnt an den Bauhaus-Stil, und die in strenger Symmetrie und Geometrie angeordneten Gebäudekuben faszinieren noch heute Architekturfans aus aller Welt. Ein Meisterwerk. Wo also wäre die weltgrößte Ausstellung zeitgenössischen Designs mit 2000 internationalen Objekten, das red dot design museum, besser platziert als im ehemaligen Kesselhaus von Zollverein?

Schon wenige Jahre nach der Stilllegung der Zeche Zollverein 1986 – die Kokerei folgte 1993 – hatten die Verantwortlichen des Design Zentrums NRW Zollverein als Standort für einen Design-Park ins Auge gefasst. Vorausgegangen war ein ständiger Ortswechsel des Museums, dessen Ursprung in der „Ständigen Schau formschöner Industrieerzeugnisse“ liegt und 1955 im Kleinen Haus der Villa Hügel in Essen gezeigt wurde. Es darf vermutet werden, dass Krupp dadurch sein Image als ehemalige Waffenschmiede korrigieren wollte. Zugleich spielte dadurch das Thema Design erstmals in der deutschen Wirtschaft eine wichtige Rolle. Aus der

Die Welt der schönen Form: Zu den bedeutendsten Design-Ausstellungen gehört das red dot design museum auf Zollverein. Den Umbau des alten Kesselhauses zum Wallfahrtsort für Design-Kenner gestaltete Stararchitekt Lord Norman Foster.

Schau ging später der red dot design award hervor – eine weltweit begehrte Auszeichnung für hervorragende Gestaltungsqualität, beurteilt von einer unabhängigen Fachjury. Ob Porzellan, Möbel, Fahrräder, Autos oder Haushaltsgeräte – bei fast allen Produkten wurde wichtig, dass sie nicht nur gut funktionierten, sondern auch gut aussahen. Ästhetik gewann an Bedeutung.

Ermutigt durch eine Studie bewarb sich das Design Zentrum NRW 1995 als erster Mieter um einen Standort auf Zollverein. Zwei Jahre lang wurde das alte Kesselhaus dann von Lord Norman Foster umgebaut – jenem britischen Stararchitekten, der schon in den Jahren zuvor den Masterplan für den Duisburger Innenhafen entworfen hatte. Der ehemalige Brotkorb des Reviers war so zu einer Art „Docklands“ verwandelt worden. In dem trendigen Viertel rund um den Innenhafen mit vielen alten Speichern siedelten sich IT-Firmen, Werbeagenturen und Verwaltungen an. Es entstanden schicke Wohnungen, zahlreiche Lokale und Restaurants öffneten.

Ende April 1997 empfing die Design-Ausstellung auf Zollverein die ersten Besucher. Nicht einmal elf Jahre nach der Stilllegung hatte sich eine gänzlich andere Nutzung ergeben. „Stil am Schacht“ statt „Schicht im Schacht“ darf man wohl sagen. Als Zollverein im Dezember 2001 zum Weltkulturerbe geadelt wurde, rückte das red dot design museum weiter in den Vordergrund. Auch die Kulturhauptstadt 2010 trug zur Popularität bei. Sogar die altehrwürdige Neue Zürcher Zeitung (NZZ) zeigte sich angetan von der Ausstellung auf fünf Ebenen im alten Kesselhaus. Sie zählt die Essener Schau zu den „acht besten Design-Museen der Welt“.

red dot design museum
Gelsenkirchener Straße 161
45309 Essen
T. 0201 3010460
www.red-dot.de/museum

Tipp

Das Gelände des Welterbes Zollverein ist einen Spaziergang wert. Zwischen den ehemaligen Zechengebäuden hat sich die Natur ihr Refugium zurückgeholt.

Gastro-Tipp

In der ehemaligen Kompressorenhalle ist eines der ungewöhnlichsten Restaurants entstanden. Dort bietet das Casino Zollverein innovative Küche in spektakulärem Industrie-Ambiente.

Casino Zollverein
Gelsenkirchener Straße 181
45309 Essen
T. 0201 830240
www.casino-zollverein.de

Bewahrer des Steinkohlen-Erbes

Das Deutsche Bergbau Museum in Bochum.

Nach unten kommt keiner mehr: aus und vorbei. Lediglich Spezialtrupps holen noch hoch, was in über 1000 Metern Tiefe nicht verrotten darf, Maschinen, Rohrleitungen, Kabel und vieles mehr. Aber auch diese Arbeiten sind so gut wie beendet. Was bleibt, ist die Erinnerung an die Zeit des Steinkohlenbergbaus im Ruhrgebiet, ja in Deutschland. Denn seit Ende 2018 wird nicht mehr gefördert, weil es schon lange nicht mehr rentabel war. In einer bewegenden Feierstunde wurde am 21. Dezember 2018 auf dem letzten Pütt im Pott, der Zeche Prosper Haniel in Bottrop, das letzte Stück Steinkohle nach oben geholt. Bundespräsident Frank-Walter Steinmeier nahm es aus den Händen eines Kumpels in Empfang. Schicht im Schacht und ein letztes Glückauf.

Ewige Dunkelheit wird nun in den Schächten und Stollen herrschen. 200 Jahre Steinkohlenbergbau im Ruhrgebiet sind Geschichte. Doch die Geschichte lebt: im Deutschen Bergbau-Museum in Bochum – anschaulich, hautnah und mit ein wenig Nervenkitzel.

Es ist das weltweit größte Bergbaumuseum. Auf 8000 Quadratmetern Fläche vermitteln die vier Dauerausstellungen Steinkohle, Bergbau, Bodenschätze und Kunst umfangreiches Wissen zum Bergbau, der mit Beginn der Industrialisierung um 1830 bis etwa 1958 seine Blütezeit hatte. Durch ihn ist das Ruhrgebiet vor allem nach dem Zweiten Weltkrieg zu einer der reichsten Regionen des Landes geworden.

Das grüne Fördergerüst der ehemaligen Dortmunder Zeche Germania ist heute Wahrzeichen des Deutschen Bergbau-Museums in Bochum. Hier wird das Erbe des Deutschen Steinkohlenbergbaus bewahrt – mit sehenswerten Ausstellungen und einem Besucherbergwerk samt virtueller Seilfahrt im Förderkorb.

Herzstück des Museums ist das Anschauungsbergwerk. Dort unten, in 20 Metern Tiefe, kann der Besucher Bergbau erleben. Bei einer simulierten Seilfahrt geht es ruckelnd und krachend in die Erde. Wenn sich unten der Kohlehobel oder der Kettenschrämlader in Bewegung setzen, ist der Höllenlärm kaum zu ertragen. In den dunklen Stollen ist es eng. Das Herz schlägt schneller. Ehemalige Kumpel erzählen, wie die Arbeit unter Tage war. Kein Zuckerschlecken. Wer will, kann den Bohrhammer selbst in die Hand nehmen. Die Vorstellungskraft reicht kaum aus, um die Härte der Arbeit vor Kohle nachzuempfinden.

2,5 Kilometer lang sind die Stollen, 1200 Meter davon sind öffentlich zugänglich. 1936 wurde dieses Anschauungsbergwerk angelegt, sechs Jahre nach Eröffnung des Deutschen Bergbau-Museums. Wer nun glaubt, sich in den ehemaligen Gebäuden einer Zeche zu befinden, der irrt. Ein Schlachthof wurde 1927 zum Museum.

Als Mitte des 19. Jahrhunderts die Stollenzechen von den Tiefbauzechen abgelöst wurden, bedurfte es auch neuer Fördertechniken. In manchen Revierstädten ragten mehr Förder- als Kirchtürme in den Himmel. Das seinerzeit weltweit größte Fördergerüst ist heute das weithin sichtbare Wahrzeichen des Bergbau-Museums. In „germania-grün" erhebt es sich 71,4 Meter über Bochum. Es wiegt 650 Tonnen, und der Durchmesser der Seilscheiben beträgt acht Meter. Konstruiert haben das Fördergerüst die Industrie-Architekten Fritz Schupp und Martin Kremmer. 1944 wurde es über dem Zentralschacht der Zeche Germania in Dortmund-Marten aufgebaut. Die seinerzeit leistungsstärkste Fördereinrichtung war bis 1971 in Betrieb.

In einem ungeheuren Kraftakt wurde der Förderturm in seine Einzelteile zerlegt und mit Spezialtransportern nach Bochum gebracht. Dort ist er seit 1973 zugänglich. Von der Aussichtsplattform bietet sich ein toller Blick über die Stadt und bei gutem Wetter über ihre Grenzen hinaus.

Übrigens: von 1792 bis zur letzten Lore im Jahr 2018 haben die Bergleute auf deutschen Zechen rund zehn Milliarden Tonnen Steinkohle gefördert. Der Verein „Statistik der Kohlenwirtschaft" hat dies lückenlos dokumentiert.

Friedrich Koepe

Eine wichtige Rolle im Steinkohlenbergbau spielt die Erfindung der Endlos-Seil- oder Treibscheibenförderung von Friedrich Koepe (1835–1922), dem Bergwerksdirektor der Krupp Zeche Hannover in Bochum. Nach diesem Prinzip funktionieren noch heute die Aufzüge rund um den Erdball. Vor Koepes Erfindung kamen auf den Zechen Fördermaschinen zum Einsatz, bei denen das Seil auf großen Trommeln aufgewickelt wurde. Dies hatte jedoch den Nachteil, dass bei schweren Lasten extreme Kräfte auf das Förderseil einwirkten. Mitunter brach es sogar, und es gab Tote und Verletzte. Dank Koepes Eingebung wurde das Seil einfach nur an einer Treibscheibe vorbei geleitet und anschließend durch eine Seilscheibe auf den Förderturm und in den Schacht geführt.

Deutsches Bergbau-Museum
Am Bergbaumuseum 28
44791 Bochum
T. 0234 5877126
www.bcrgbaumuscum.de

Frikadellen, Limo, Dixi-Klo und Pannenhilfe

Holgers Erzbahnbude im Herzen des Ruhrgebiets ist zum Mekka für Radfahrer geworden.

Das Ruhrgebiet und seine Trinkhallen – eine lange Geschichte, die schon oft erzählt wurde. Weil das Leitungswasser während der Industrialisierung oft ungenießbar war, errichteten die Anbieter von Mineralwasser vielerorts Seltersbuden, an denen sich die Menschen versorgen konnten. Zudem leisteten sie einen Beitrag zur Volksgesundheit, denn zu oft löschten die Arbeiter mit Bier und Schnaps ihren Durst. Innerhalb weniger Jahrzehnte durften die Buden dann auch Alkohol und Zigaretten verkaufen. Heute sind sie in den Stadtteilen soziale Orte, wo man sich trifft und plaudert. Oder eine Station auf dem Weg zur Arbeit, die schon früh am Morgen Kaffee und frische Brötchen bereithält. „Anne Bude" haben früher viele Kinder des Reviers ihr Taschengeld für Brausepulver und Salmiakpastillen ausgegeben. Eine schöne Erinnerung an vergangene, unbeschwerte Zeiten.

So ganz anders als die herkömmlichen Trinkhallen kommt Holgers Erzbahnbude daher. Sie liegt direkt an der Erzbahntrasse im Grenzgebiet zwischen Bochum, Gelsenkirchen und Essen. Früher wurden die Hochöfen des Bochumer Vereins per Güterwaggons mit dem kostbaren Rohstoff über die Trasse versorgt. Heute verläuft hier einer der interessantesten und beliebtesten Radwege des Landes, ein Fahrrad-Highway sozusagen. Gleichwohl findet eine andere Form von Versorgung statt: mit Wasser, Bier und Kaffee, Würstchen und Frikadellen. Aber das allein unterscheidet Holgers Erzbahnbude nicht von anderen Trinkhallen des Reviers. Einmal ist es die optimale Lage am Knotenpunkt zwischen Erzbahntrasse und dem Emscher Park Radweg. Und es sind die Besucher, die auf Inlinern, Mountain-Bikes, schweren Holland-Ungetümen und superleichten, teuren Carbon-Rennmaschinen anrollen, auf Liegerädern und sogar mit Solarmobilen.

Wer sich über das unmotorisierte Freizeit-Bewegungsverhalten der Ruhrgebietsmenschen informieren möchte, kann hier umfangreiche Studien treiben. Ein starker Typ ist auch der Besitzer: Holger Kesting stammt aus Hamburg, hat Betriebswirtschaft studiert, war als Fahrradkurier unterwegs und ist im Ruhrgebiet offenbar auf eine gastronomische Goldader gestoßen. Vor allem an Wochenenden tobt hier der Bär, um mal ins Revierdeutsche zu wechseln. Kaum ein Platz bleibt frei.

Natürlich kommt niemand in Adiletten und im Trainingsanzug aus Ballonseide vorbei, um noch schnell ein paar Bierchen und Chips für den Abend zu besorgen. Auch Klopapier, Dosensuppen oder Waschpulver gibt es hier nicht, im Gegensatz zu anderen Buden, die längst zu Kleinstgeschäften des täglichen Bedarfs geworden sind. Dafür liegen aber Flickzeug, Werkzeug aller Art und ein Kompressor zum Aufpumpen bereit. Erste Hilfe wird groß geschrieben. Nicht nur bei Hunger und Durst, sondern auch bei Fahrrad-Pannen.

Holgers Erzbahnbude
Erzbahntrasse
45886 Gelsenkirchen

Erstaunliches ...

Es gibt Ereignisse,
die sind nicht nur bemerkenswert
und beeindruckend,
sondern verdienen auch
große Beachtung.

Schicke Kleider aus der Stadt der tausend Feuer

Gelsenkirchen war in den 1950er und 1960er Jahren eine der großen Modemetropolen in Deutschland.

Der Fund von drei Ballen Fallschirmseide in einer alten Ziegelei im Jahre 1945 macht Martin und Dora zu reichen Menschen. Dora näht aus der Seide Blusen, später entwirft sie ganze Kollektionen. Martins Organisationstalent verhilft zum Aufbau einer Bekleidungsfirma, die schließlich in Gelsenkirchen-Buer 200 Mitarbeiter beschäftigt. Das ist ein Handlungsstrang im Roman „Fallschirmseide" (1990) von Irina Korschunow (1925–2013). Fiktiv, ganz klar. Aber auch ganz real: Denn Gelsenkirchen, kaum zu glauben, war in den 1950er und 1960er Jahren eine der großen Modemetropolen in Deutschland.

„Kleiderkünste zwischen tausend Feuern" titelten die „Gelsenkirchener Blätter" in den 1950er Jahren. Stets im März jagte eine Modenschau die nächste, präsentierten die Modehäuser schicke Oberbekleidung für Damen und Herren. „Ein einprägsames Zeichen dafür, wie sehr diese früher so verlästerte Stadt auf dem Wege ist, zu einem Zentrum modischen Geschmacks zu werden", hieß es in dem Halbmonatsmagazin weiter.

Tatsächlich hatte es die von Bergbau und Schwerindustrie geprägte Stadt nach Kriegsende in wenigen Jahren geschafft, die Bekleidungsindustrie durch systematische Ansiedlung als fünfte Säule der lokalen Wirtschaft zu etablieren – neben Kohle, Eisen und Stahl, Chemie sowie Glas. Während ihrer Hochzeit be-

Kaum zu glauben, aber wahr: In der Industriestadt Gelsenkirchen entstanden in den 1950er Jahren Trends, die bundesweit die Mode bestimmten.

schäftigten rund 50 Betriebe bis zu 7000 Menschen. Neben Gelsenkirchen waren auch Essen, Recklinghausen, Herne und Wattenscheid ganz oben in der deutschen Modebranche angekommen.

Die Stadtväter hatten seinerzeit sehr schnell und richtig erkannt, die einseitig ausgerichtete Wirtschaft Gelsenkirchens durch einen „Strukturwandel ohne Gefahren" breiter aufzustellen. Die Konsumgüterindustrie schien, wie sich in den Wirtschaftswunderjahren schließlich bestätigte, genau das richtige Feld zu sein.

Mit der Textilindustrie wurde vor allem für Frauen und Mädchen Arbeit geschaffen, die sonst kaum Jobchancen hatten. Viele von ihnen kamen mit ihren Männern oder Vätern aus dem Osten, waren größtenteils ungelernt. Das tat der Qualität der Mode aber keinen Abbruch.

„... man kann doch wohl sagen, dass sich Gelsenkirchens diesjährige Frühjahrs- und Sommermodenerzeugnisse in Qualität und Preisgestaltung allenthalben sehen lassen können. ... Daher erklärt sich auch die Tatsache, dass die Zahl der auswärtigen Kunden, die in die Stadt der tausend Feuer kommen, von Tag zu Tag größer wird", frohlockten die „Gelsenkirchener Blätter".

Der „Rheinische Merkur" schrieb 1948 begeistert: „Mut und Energie haben gesiegt. Die Ruhrkohle-Großstadt ist ein wichtiges Zentrum der Bekleidungsindustrie geworden. ... Wo in einem ausgebrannten Warenhaus vor wenigen Monaten noch Trümmerhaufen lagen, sausen heute vollautomatische Nähmaschinen in endloser Reihe und stoßen in einer für den Laien unvorstellbar kurzen Zeit Feilgenhauer-Modelle am Fließband aus. ... im Klang von Radiomusik, welche Gruppenleiterinnen, Zuschneiderinnen und Rotorbüglerinnen beschwingt."

Das war einmal. In den 1970er Jahren begann der Niedergang der Bekleidungsbranche. Zudem nahm das Zechensterben seinen Lauf, Arbeitsplätze gingen verloren, Geld fehlte. Auf hochwertige Mode wurde verzichtet. Alsbald begann der Siegeszug billiger Textilien, unter unmenschlichen Bedingungen vorwiegend in Asien hergestellt.

Mission impossible

Duisburger Notar vermittelte streng geheim zwischen den verfeindeten nordirischen Bürgerkriegsparteien.

Zu den erstaunlichsten Geschichten des Ruhrgebiets, die selten erzählt werden, gehört die Geheimdiplomatie des Duisburger Rechtsanwalts und Notars Eberhard Spiecker (1931–2017). Er war ein gefragter Unterhändler, der in den 1970er und 1980er Jahren zwischen den bis aufs Blut verfeindeten nordirischen Bürgerkriegsparteien vermittelte und dabei eiserne Diskretion wahrte. Was lange Zeit niemand wusste: Am 14. und 15. Oktober 1988 trafen sich im „Angerhof" im Süden Duisburgs politische Vertreter von Protestanten und Katholiken zu streng geheimen Gesprächen. Von ihnen sagte der spätere nordirische First Minister und Friedensnobelpreisträger David Trimble, dass dadurch der Friedensprozess in der britischen Krisenprovinz erst begonnen habe.

Dass Eberhard Spiecker erst viele Jahre danach über die Vorgänge sprach, liegt an seiner absoluten Verschwiegenheit. Sie ließ ihn zu einem vertrauenswürdigen Gesprächspartner der einstigen Todfeinde werden – in einem blutigen Bürgerkrieg, der über 25 Jahre die Welt in Atem hielt und mehrere tausend Menschenleben forderte.

Doch wie schaffte es ein Duisburger Jurist, die politischen Führer aus Belfast und Londonderry an einen Tisch zu bekommen? Wer Spieckers Biographie liest, findet rasch die Antwort. Das Bemühen um Ökumene, um gemeinsames politisches Handeln verschiedener christlicher Konfessionen in bestimmten kirchlichen Situationen, zog sich wie ein roter Faden durch sein Leben.

Der praktizierende Protestant, der viele hohe Ämter innerhalb der evangelischen Kirche bekleidete, gründete Anfang der 1960er Jahre den Ökumenischen Gesprächskreis Duisburg-Hamborn, aus dem später das erste Brüdermahl hervorging. Dieses Treffen war eine willkommene Gelegenheit zum Gedankenaustausch, die bald von hohen Kirchenführern genutzt wurde. Der damalige Ruhrbischof Dr. Franz Hengsbach war schon bei der Gründung dabei, weitere bekannte Namen waren Generalsekretär Willem Visser't Hooft, Genf, und Augustin Kardinal Bea, Rom. 1973 nahmen erstmals zwei irische Kirchenführer teil. Den Anstoß dazu gab ein Kaplan von der Grünen Insel, der damals bei den Prämonstratensern in der Hamborner Abtei lebte. Als Spiecker 1975 den Irlandbesuch einer evangelisch-katholischen Kirchendelegation organisiert hatte, wurden die verfeindeten Lager auf ihn aufmerksam. Die Qualitäten des Duisburgers hatten sich herumgesprochen. 1978 bat ihn der Generalsekretär des Irischen Kirchenrates um politische Vermittlerdienste.

Was folgte, war Geheim- und Pendeldiplomatie in Reinkultur: Spiecker im Vatikan, in Belfast und beim damaligen EU-Präsidenten Gaston Thorn, für den er später Sondierungsgespräche in Irland führte. Auch die ranghöchsten irischen Kirchenführer fanden 1987 den Weg nach Duisburg.

Dass die Geheimkonferenz im Oktober 1988 überhaupt stattfinden konnte, war umso erstaunlicher, weil die IRA drei Monate zuvor einen Bombenanschlag auf die Glamorgan Barracks verübt hatte, eine Kaserne der Britischen Rheinarmee im Duisburger Süden. Neun Soldaten wurden dabei leicht verletzt.

Spiecker ließ sich dadurch nicht entmutigen, vereinbarte mit der IRA im Jahre 1990 Einstellungen der „Kampfhandlungen“ gegen britische Einrichtungen auf deutschem Boden und 1993 für den europäischen Kontinent. Es sollte aber noch fast zehn Jahre dauern, bis die seit Generationen verfeindeten Iren zu einer Art Vorfriedensschluss gelangten. Die IRA verkündete 1997 den Waffenstillstand, und im Sommer 2005 erklärte sie den bewaffneten Kampf für beendet. Dass der Frieden bis heute hält, ist auch Spieckers Verdienst.

Ein Höhepunkt für Spiecker und Duisburg war sicher das Brüdermahl 1999, an dem auch einer der mächtigsten Männer der Katholischen Kirche teilnahm: Es war Joseph Kardinal Ratzinger, der damalige Präfekt der römischen Glaubenskongregation. Knapp sechs Jahre später wurde er als Papst Benedikt XVI. zum Oberhaupt der römisch-katholischen Kirche gewählt.

Capri-Fischer und Sahnetorte

Nachmittags wurde im Gelsenkirchener Kaufhaus „Weka" getanzt.

Der Zweite Weltkrieg war gerade einmal zehn Jahre Geschichte, der Wiederaufbau in vollem Gange, der Wohlstand wuchs rasant. Und das Wirtschaftswunder ließ die Menschen hoffnungsvoll in die Zukunft schauen. Aus den Radios plärrten fröhliche Schlager, die zum Tanzen einluden und heute Schnulzen genannt werden. René Carol verzauberte die Damenwelt mit „Rote Rosen, rote Lippen, roter Wein", Rudi Schuricke ließ „bei Capri die rote Sonne im Meer versinken", während Caterina Valente „ganz Paris träumt von der Liebe" trällerte. Legendär war der Tanztee im Westfalen Kaufhaus an der Bahnhofstraße in Gelsenkirchen, einer einstmals wohlhabenden Stadt. Bergbau und Industrie sorgten damals für Arbeitsplätze. Gelsenkirchen hatte mehr Förder- als Kirchtürme. Die Menschen verdienten Geld und gönnten sich was.

Besonders in den 1950er Jahren war es rappelvoll im Restaurant auf der fünften Etage des Konsum-Tempels mit Mode, Haushaltswaren, Spielzeug und delikaten Lebensmitteln. „Am Nachmittag einen Platz in diesem eleganten Ambiente zu ergattern, war oftmals Glückssache", erinnert sich die 85-jährige Gisela, die damals in „der Weka" als junge Textilverkäuferin den Damen der Gesellschaft das angesagte Outfit für den Tanztee verpasste. Denn mit einfacher Straßenkleidung auf dem Tanzparkett zu erscheinen, war schier unmöglich. Die Mode war heiter in jenen Jahren. Die jungen Frauen bevorzugten schwingende Röcke. Die älteren Damen hingegen ein schickes Kleid oder Kostüm – gerne auch einen Hut.

Das Cocktailkleid eroberte die nach Luxus und Eleganz hungernde Damenwelt und machte den Tanztee in „der Weka" wahrlich zu einem gesellschaftlichen Ereignis. Die Herren der Schöpfung erschienen selbstverständlich im feinen Zwirn und mit Krawatte. Wer etwas auf sich hielt, ging mindestens einmal pro Woche zum Tanz in „die Weka", wie die Gelsenkirchener ihr Kaufhaus stolz nannten.

Musik vom Plattenspieler? Weit gefehlt. In „der Weka" wurde live gespielt. Eine Drei- oder Fünf-Mann-Kapelle sorgte für reichlich „swing". Die Herren forderten höflich zum Tanz auf. Mit weißer Schürze auf schwarzem Kleid und weißem Häubchen im Haar jonglierten die Kellnerinnen Tabletts mit Sahnetorte, Kaffeetassen, Wein- und Cognac-Gläsern durch die engen Tischreihen. Die Luft war geschwängert vom Zigarettenrauch und erfüllt von einem fröhlichen Geräuschpegel. Etwas ruhiger wurde es nur dann, wenn junge Models die neueste Mode präsentierten, die es eine Etage tiefer bei Gisela und ihren Kolleginnen gleich zu kaufen gab.

Die Verkäuferinnen mussten allerdings auf den angesagtesten Tanztee der Stadt verzichten. Denn das Restaurant war nur zu den Geschäftszeiten geöffnet. Rund zwanzig Jahre war es der Treffpunkt für die feine Gesellschaft. Dann änderte sich der Publikumsgeschmack. Der Tanztee hatte ausgetanzt.

Das Westfalen Kaufhaus wurde am 24. Juni 1909 von den Gebrüdern Alsberg eröffnet. 1912 wurde der Neubau mit fünf Stockwerken eingeweiht, 1927 noch einmal umgebaut und erhielt sein heutiges Aussehen. Architekten waren die Herren Klose und Schäfer aus Düsseldorf. Zum „Weka“ wurde das Kaufhaus erst 1933, nachdem es von den jüdischen Besitzern unter Zwang verkauft worden war. In 50 Schaufenstern wurde nun das Warenangebot präsentiert – zu damaligen Zeiten sehr beeindruckend. Seit 1986 steht der einstige Konsum-Tempel auf der Denkmalliste der Stadt Gelsenkirchen. Heute ist der Zauber des einstmals legendären Kaufhauses längst verflogen. Größere und kleine Geschäfte, Büros, Kanzleien und Service-Einrichtungen teilen sich das große Gebäude.

WEKA-Karree
Bahnhofstraße 55-65
45879 Gelsenkirchen

Die Bombe, die Menschenleben rettet

Auf der Zeche Dahlbusch in Gelsenkirchen wurde eine Rettungskapsel konstruiert, die „Das Wunder von Lengede" möglich machte.

Das Fernsehen war live vor Ort, lieferte Bilder einer Rettung, die um die Welt gingen. Selbst hartgesottene Zeitgenossen verdrückten ein Tränchen, als elf Kumpel nach 14 Tagen in scheinbar aussichtsloser Lage wieder nach oben kamen. Kaum jemand hatte noch geglaubt, dass die Bergleute lebendig aus der Eisenerzgrube Mathilde im niedersächsischen Lengede herauskommen würden.

Dort war am 24. Oktober 1963 ein Klärteich eingebrochen. 475.000 Kubikmeter Wasser und Schlamm stürzten daraufhin in die Grube und fluteten sie von der 100- bis zur 60-Meter-Sohle. Von den 129 Mann der Mittagsschicht kehrten letztlich 29 nicht zurück. Die meisten von ihnen ertranken. Andere retteten sich vermutlich in Hohlräume, konnten aber nicht gefunden werden. Sie starben Tage oder Wochen später an Hunger und Entkräftung – ein grausamer Tod.

Trotz der Tragödie sprachen die Menschen später vom „Wunder von Lengede". Denn elf der eingeschlossenen Bergleute, deren Rettung unmöglich erschien, wurden zwei Wochen später in zwei Etappen mit Hilfe der Dahlbuschbombe geborgen. Zuvor waren sie über einen schmalen Schacht mit dem Notwendigsten zum Überleben versorgt worden.

Das einem Torpedo ähnelnde Gerät war im Mai 1955 in aller Eile auf der Zeche Dahlbusch in Gelsenkirchen-

Rotthausen entwickelt worden. Damals ging in 855 Meter Tiefe ein Schacht zu Bruch. Drei Bergleute wurden verschüttet. Zwar konnten sie durch eine dünne Versorgungsleitung, die vom darunterliegenden Stollen aufgebohrt worden war, mit Lebensmitteln – und mit Skatkarten – versorgt werden. Aber die Chancen auf Rettung schienen gering: Die Bergleute hätten nur durch einen breiten Bohrschacht nach oben oder unten aus ihrem Gefängnis rausgeholt werden können. Das aber war im Bergbau noch nie versucht worden; entsprechendes Rettungsgerät stand nicht zur Verfügung. Eine verzweifelte Lage.

Über Tage suchten unterdessen Dahlbusch-Ingenieure und Techniker nach einer Lösung. Sie bestand aus einer zigarrenförmigen Stahlblechkonstruktion, die später als Dahlbuschbombe in die Geschichte der Rettungstechnik eingehen sollte. Das Gerät konnte durch einen tatsächlich nur 406 Millimeter breiten Rettungsschacht zu den Eingeschlossenen herabgelassen werden. Diese zwängten sich mit nach oben gestreckten Armen in den 385 Millimeter breiten Torpedo und gelangten unversehrt ans Tageslicht.

Später kam die Dahlbuschbombe bei Rettungsaktionen in aller Welt zum Einsatz, unter anderem 2010 im Kupfererzbergwerk San José in Chile. Dort mussten 33 Kumpel in 622 Metern Tiefe unerträgliche 69 Tage ausharren, ehe sie mit Hilfe von „Phoenix“, einer weiter entwickelten Version, geborgen werden konnten. Ein Patent hatten die Konstrukteure des ursprünglichen Rettungsgeräts übrigens nicht angemeldet. „Hauptsache, die Kerle kommen raus“, lautete ihr trockener, ruhrgebiets-typischer Kommentar.

Bilder, die um die Welt gingen. Mit Hilfe der Dahlbuschbombe, konnten beim Grubenunglück von Lengede im November 1963 elf Kumpel lebend geborgen werden.

Trotz der glücklichen Rettung des Kumpel-Trios auf Dahlbusch im Mai stand das Jahr 1955 für Gelsenkirchen unter keinem guten Stern. Einen Monat später starben bei einer Schlagwetter-Explosion auf der Zeche Nordstern 14 Bergleute. Im August kam es dann auf Dahlbusch zu einer Schlagwetter-Kohlenstaubexplosion, die 42 Menschenleben forderte.

Von der Dahlbuschbombe existieren noch die drei ersten baugleichen Exemplare. Einer der Rettungs-Torpedos befindet sich in Gelsenkirchen, im Stadtteil Rotthausen unweit der ehemaligen Zeche Dahlbusch, wo sich u.a. eine Solarfabrik angesiedelt hat. Allerdings kann die Kapsel nicht öffentlich besichtigt werden, denn sie hängt im Foyer der Gesellschaft für Wohnungsbau (GFW) am Grünen Weg 1.

Warum? Weil einer der Geschäftsführer der GFW, Wilhelm Tax (1923–2021), 1955 Vermessungsingenieur auf Dahlbusch war und die Zielbohrung errechnete, welche die erste Rettungsbohrung nach oben im Bergbau möglich machte.

Ein weiteres Exemplar ist im Deutschen Bergbau-Museum in Bochum zu sehen, das dritte im Deutschen Museum in München. Welche von diesen beiden die Test- und welche die Rettungskapsel ist, lässt sich nicht mehr feststellen.

Deutsches Bergbau-Museum
Am Bergbaumuseum 28
44791 Bochum
T. 0234 5877126
www.bergbaumuseum.de

Der Kaiser kam im Morgengrauen

Bei der Eröffnung des größten Schiffslifts der Welt in Henrichenburg jubelten Wilhelm II. die Menschenmassen zu.

Es ist Freitag in aller Herrgottsfrühe. Henrichenburg, der kleine Ort, der zum Amt Waltrop gehört, steht Kopf: Der Kaiser kommt! Zehntausende Menschen haben sich aufgemacht zum neuen Schiffshebewerk, einem technischen Wunder dieser Zeit. Heute will es Kaiser Wilhelm II. und Preußischer König höchstpersönlich einweihen. Die Massen strömen an den Dortmund-Ems-Kanal. Kommen sie wegen des gigantischen Bauwerks oder wegen des Kaisers? Letzteres dürfte wohl die richtige Antwort sein. Denn der Kaiser, vernarrt in die Technik und verliebt in den Pomp, ist am 11. August 1899 populär und durchaus beliebt. Als der 40-Jährige per Schiff vorfährt, jubeln ihm um 7.15 Uhr die Menschen zu. „Es lebe der Kaiser", skandieren sie. Und schon eine Dreiviertelstunde später ist der kaiserliche Auftritt bereits Geschichte.

Für das Schiffshebewerk aber war es die Geburtsstunde. Mehr als 60 Jahre wird es fortan nahezu störungsfrei seinen Dienst tun. 1962 wurde es vom nahegelegenen neuen Schiffshebewerk abgelöst, das 2005 wegen technischer Mängel stillgelegt wurde. Seitdem läuft der Schiffsverkehr über die Schleuse Waltrop.

Kaiser Wilhelm II., mit großer Vorliebe für die Marine, wollte Deutschlands Aufstieg zu einer überzeugenden Seemacht. „Unsere Zukunft liegt auf dem Wasser", sagte er 1898 bei der Eröffnung des Freihafens

Stettin. Für dieses Vorhaben bedurfte es in erster Linie einer Verbindung zur Nordsee, die, nicht wie der Rhein, über feindliches Gebiet führte. Außerdem brauchte er Stahl und Kohle aus dem Revier für seine Flotte. Deshalb sollte das östliche Ruhrgebiet mittels eines Kanals an die Nordsee angeschlossen werden. Dies begrüßten die Zechenbesitzer in und um Dortmund, während die Bergwerkseigner an der Ruhr darin einen Nachteil für sich sahen. Das Saarland und Oberschlesien wollten ebenfalls angeschlossen werden. Die Großgrundbesitzer an der Elbe befürchten indes, dass der Kanalbau den Obstverkauf beeinträchtigen werde.

Der letzte deutsche Kaiser setzte seinen Willen durch. In Schlesien wurde der Oder-Spree-Kanal gebaut, der Mittellandkanal vom Münsterland bis zur Elbe versprochen. Und die wenigen Landräte, die noch protestierten, wurden von Wilhelm II. kurzerhand abgesetzt. Bei der Feier zur Einweihung des Schiffshebewerks machte der Monarch den Kanal-Gegnern unmissverständlich klar: „Der Kanal kann nur voll wirken in Verbindung mit dem Mittellandkanal, den in Angriff zu nehmen meine Regierung unerschütterlich entschlossen ist."

Das Schiffshebewerk Henrichenburg in Waltrop, der stählerne Aufzug für Schiffe, fasziniert heute noch genauso wie vor über 120 Jahren. Mit ihm wurden 14 Meter Höhenunterschied in nur zwölf Minuten überwunden. Es ist das bedeutendste Bauwerk des 265 Kilometer langen Dortmund-Ems-Kanals, der nach sieben Jahren Bauzeit ebenfalls am 11. August 1899 vom Kaiser eröffnet wurde: „So hoffe ich, dass dieses erste Glied, das wir heute eingeweiht haben, im Verhältnis zu dem großen Werke des Ausbaus unserer Wasserstraßen aufgefasst und verstanden werden wird." Es war tatsächlich der Beginn der großen Zeit der deutschen Binnenschifffahrt, die schließlich über das beste Kanalnetz in Westeuropa verfügen sollte.

Das Prinzip des gigantischen Liftes war spektakulär: Schiffe von bis zu 750 Tonnen Gesamtgewicht konnten mithilfe des Auftriebs (Archimedisches Prinzip) vom Unterwasser (aus und in Richtung Nordsee) aufs Oberwasser (Dortmund) rauf oder runter gehievt werden. Es war das erste Mehrschwimmer-Hebewerk, gebaut von der Firma Haniel&Lueg.

Die Schiffe fuhren in den Trog, der auf fünf luftgefüllten Tauchkörpern lag, den Schwimmern, die sich in fünf mit Wasser gefüllte Brunnen eintauchten. Das nach unten drückende Gewicht des gefüllten Trogs befand sich im Gleichgewicht mit dem nach oben wirkenden Auftrieb. Eine Erhöhung oder Reduzierung der Wassermenge im Trog führt zur Abwärts- oder Aufwärtsbewegung des Trogs.

Das Schiffshebewerk in Waltrop ist heute ein sehenswertes LWL-Industriemuseum. Geschichte und Technik des Bauwerks werden anschaulich dokumentiert. Die „MS Henrichenburg" läuft vom Unterwasser aus zu Rundfahrten durch den Schleusenpark Waltrop.

Schiffshebewerk Henrichenburg
Am Hebewerk 26
45731 Waltrop
T. 02363 97070
www.schifffshebewerk-henrichenburg.de

Günter Wallraff deckte als Türke Ali Leiharbeiter-Skandal auf

Der Autor arbeitete undercover unter unmenschlichen Bedingungen bei Thyssen Stahl in Duisburg.

Mit seiner Sozialreportage „Ganz unten“ gelang Enthüllungsautor Günter Wallraff ein Welterfolg. Das Buch wurde in 30 Sprachen übersetzt und vier Millionen Mal verkauft. Zwei Jahre lang schlüpfte Wallraff für die Recherche in die Rolle des Türken Ali Levent Sinirlioglu. Er verdingte sich mit dieser falschen Identität unter anderem als Hilfskraft bei McDonalds, als Illegaler auf einer Großbaustelle und als Arbeiter in einer Kolonne von Leiharbeitern bei Thyssen Stahl in Duisburg. Dort arbeitete er unter unmenschlichen und gefährlichen Bedingungen. Die Verantwortlichen des Konzerns wälzten zunächst alle Verantwortung dafür auf die Verleihfirmen ab.

Im Oktober 1985 erfuhr die Redaktion der Westdeutschen Allgemeinen Zeitung (WAZ) in Duisburg-Hamborn von Wallraffs verdecktem Investigativ-Einsatz. Der Journalist Benedikt Piecha, auch für die WAZ Duisburg im Einsatz, hatte Wind von dem Projekt bekommen und bereitete eine große Story vor. Der journalistische Coup war fast perfekt, als Wallraff anrief und flehentlich bat, mit der Veröffentlichung noch ein paar Tage zu warten. Der Grund: Das Nachrichtenmagazin „Der Spiegel“ würde am folgenden Montag mit einer Exklusiv-Geschichte erscheinen (Heft 43/1985). Auch der Verlag Kiepenheuer & Witsch ließ die Telefondrähte glühen. Beide befürchteten, dass Thyssen in letzter Minute einstweilige Verfügungen beantragen und „Ganz unten" auf diese Weise stoppen könnte.

Wegen der ungeheuren Brisanz des Themas war die WAZ-Chefredaktion unter Siegfried Maruhn eingeschaltet worden. Denn einerseits wollte die größte Zeitung des Ruhrgebiets, allen voran Lokalchef Rolf Kiesendahl und Autor Benedikt Piecha, sich nicht um den journalistischen Erfolg bringen lassen. Andererseits war allen Beteiligten daran gelegen, dass das Buch von Wallraff erscheint. Schließlich ging es um einen wirklichen Skandal: Das verantwortungslose Verhalten des bedeutendsten Arbeitgebers in der Stadt Duisburg

Enthüllungsautor Günter Wallraff (obere Reihe r.) 1985 beim Besuch der WAZ-Redaktion Duisburg-Hamborn. Sein Bestseller „Ganz unten", in dem es um den skandalösen Einsatz von Leiharbeitern unter anderem bei Thyssen ging, wurde in 30 Sprachen übersetzt.

sollte schonungslos enthüllt werden. So wurde ein Deal vereinbart: Die WAZ hielt still. Die Regionalzeitung und das Hamburger Magazin kamen zeitgleich mit der Story heraus. Für das Entgegenkommen erhielt die WAZ das Privileg, als erste Zeitung Exklusiv-Interviews mit Wallraff zu führen. Der Enthüllungsautor stattete der Lokalredaktion in Duisburg-Hamborn sogar einen Besuch ab.

Das Buch wurde in den ersten zwei Wochen über 640.000-mal verkauft. Auch die Zeitungsberichte schlugen wie eine Bombe ein. Die lebensgefährliche Situationen, mit denen Leiharbeiter wie Ali Levent klarkommen mussten, fehlender Arbeitsschutz, viel zu lange Schichten und Unterbezahlung erregten die Gemüter. Nicht zuletzt machte der geschilderte Ausländerhass viele Menschen betroffen.

All dies sei Sache der Verleihfirma, man sei deshalb nicht zuständig, ließ der am Pranger stehende Thyssen-Konzern zunächst verlauten und schickte das damals unerfahrenste Vorstandsmitglied vor die Presse und in die Fernsehstudios. Dr. Ekkehard Schulz, der spätere Vorstandschef, ein schneidiger, dabei sehr integrer Manager, war in dieser Situation überfordert. Ein Kommunikations-Desaster. Der Druck durch die öffentliche Meinung und von Seiten des Betriebsrats nahm nun zu. Relativ schnell ruderte Thyssen deshalb zurück. Schon bald galten die Sicherheitsmaßnahmen auch für Leiharbeiter, von denen viele eingestellt wurden. Von einigen, windigen Verleihfirmen trennte sich der Konzern.

Und Günter Wallraff, der als Ali Levent Gesundheit und Leben riskiert hatte, spendete einen Teil der Einnahmen seines Buches für ein von ihm initiiertes Wohnprojekt in Duisburg-Neudorf. Bis heute leben dort Menschen aus vielen Nationen zusammen.

Der investigative Journalist und Schriftsteller Günter Wallraff wurde 1942 in Burscheid geboren und machte sich über die Landesgrenzen hinaus einen Namen als Enthüllungsautor. In seinen Reportagen geht es nicht nur um soziale, sondern auch um politische Themen. Im April 2019 erlitt er bei einem schweren Fahrradunfall einen Trümmerbruch im Bein und schwere Kopfverletzungen. „Ich habe eine neue Zugehörigkeit. Ich gehöre zu den Menschen, die mit Behinderungen es doch mit Einigem im Leben schwieriger haben“, wird er Autor in einem Interview zitiert.

Rasende Loks zeigen Gefühle

Der Starlight Express in Bochum rollt und rollt und rollt. Es ist das schnellste und am häufigsten an einem Ort gespielte Musical der Welt.

Es ist zweifelsfrei das schnellste Musical auf der Welt. Nicht, weil es so schnell vorbei ist. Nein, sondern weil die Darsteller bis zu 60 Stundenkilometer schnell übers Bühnenparkett und sogar durch die Zuschauerränge flitzen. Potz-Blitz! Natürlich nicht zu Fuß, sondern auf Rollschuhen – und auch das ist einzigartig auf der Welt.

Starlight Express heißt das Erfolgsmusical von Andrew Lloyd Webber. Im März 1984 wurde es im Apollo Victoria Theatre in London uraufgeführt. Die Premiere am Broadway im Gershwin Theatre folgte im März 1987. Und am 12. Juni 1988 setzte sich der Starlight Express im eigens dafür gebauten Theater am Bochumer Stadionring in Bewegung. Und der Zug rollt und rollt und rollt …

Das Musical erzählt den Traum eines Kindes. Darin wird die Weltmeisterschaft der Züge ausgetragen. Um das rasante Stück ranken sich zahlreiche Superlative. Zunächst einmal wurde in Rekordzeit von nur einem Jahr das Starlight Express Theater gebaut. Weltweit ist es das bisher einzige Theater für nur ein Stück. 32 Jahre wird es nun schon am selben Ort aufgeführt, auch das ist Weltrekord. Mehr als 17 Millionen Zuschauer sahen das „Singspiel auf Rollen“ bis heute. Bereits 2010, dem Jahr der Kulturhauptstadt, waren mehr als 13 Millionen große und kleine, junge und alte Musicalfans live in Bo-

Der Starlight Express rollt und rollt. In Bochum wurde für das Erfolgsmusical von Andrew Lloyd Webber eigens ein Theater am Stadionring gebaut. Schon seit Juni 1988 flitzen die alte Lok Rusty und ihre Konkurrenten auf Rollschuhen durch die Ränge.

chum dabei. Das brachte Starlight Express eine Eintragung ins „Guinness Buch der Rekorde" ein.

Und es gibt noch mehr Superlative. Das 1650 Zuschauer fassende Theater verfügt über eine Bühnenfläche von 1200 Quadratmetern. Die 360-Grad-Bühnenbilder versetzen den Besucher in „magische Zauberwelten", wie die Macher der Show werben.

Das Make-up der Darsteller sei das aufwendigste der Welt, sagen sie weiter. Denn schließlich müssen Menschen in Lokomotiven und Waggons verwandelt werden. 45 Mitarbeiter nähen in der theatereigenen Schneiderei die Kostüme, die bis zu 18 Kilogramm schwer sind. Die Rollschuhe werden den Künstlern auf Maß angepasst, damit sie perfekt sitzen und es keine Blasen gibt. Ein Team von Mechanikern wartet die Rollschuhe und ist während der Vorstellung hinter der Bühne, um kleine Defekte blitzschnell zu reparieren. Von diesen Boxenstopps bekommt der Zuschauer nichts mit. Und letztlich sorgen 150 Lautsprecher und eine perfekt ausbalancierte Tontechnik für ein außergewöhnliches Klangerlebnis.

Der Brite Andrew Lloyd Webber hat Rock-, Pop-, Blues- und Elektro-Musik verschmelzen lassen. In den vielen Jahren hat Starlight Express immer wieder dramaturgische und musikalische Überarbeitungen erfahren. Im Sommer 2018 war es der Komponist selbst, der eine erneute Überarbeitung ankündigte. Denn er fand, dass das 1984 uraufgeführte Musical nicht mehr zeitgemäß war. Es wurde sogar ein „Brexit“-Zug als Anspielung auf den geplanten EU-Austritt der Briten in die Aufführung eingebaut.

Starlight Express ist eines der erfolgreichsten Musicals der Welt. Die erfolgreichsten sind „Phantom der Oper“ (Andrew Lloyd Webber), „König der Löwen“ (Elton John), „Wicked“ (Stephen Schwartz) und „Cats“ (A.L. Webber).

Starlight Express Theater
Stadionring 24
44791 Bochum
T. 0234 506020
www.starlight-express.de

Tipp

In Bochum lohnt sich der Besuch des Stadtparks mit Rosengarten und Teich, der 1876 im englischen Stil angelegt wurde. Es ist der älteste Landschaftsgarten im Ruhrgebiet. Ein Tierpark mit 4000 Tieren erfreut heute besonders jüngere Besucher. Das Parkschlösschen aus der Gründerzeit lädt zum Imbiss oder feinem Dinner ein.

Stadtpark
Bergstr./Klinikstraße
44787 Bochum

Parkschlösschen
Bergstraße 65
T. 0234 581440
www.parkschloesschen-bochum.eatbu.com

Hape Kerkeling – viel mehr als ein Spaßmacher

Der Entertainer, der in Recklinghausen aufwuchs, brachte mit seiner Pilgerwanderung Millionen Menschen zum Nachdenken.

Es ist wohl das Schicksal der Clowns und Komiker: Alle Welt hält sie auch im Privatleben für Stimmungskanonen. Für Hans-Peter Kerkeling, den alle nur Hape nennen, gilt das nur bedingt. Wer seine Bücher „Ich bin dann mal weg“ und „Der Junge muss an die Luft“ gelesen hat, weiß, dass er ein sehr nachdenklicher, reflektierter Mensch ist. In Recklinghausen verlebte er seine Jugend, davon die ersten Jahre in der Bauernschaft Bockholt, bevor er in die City der Kreisstadt im nördlichen Ruhrgebiet zog. Noch heute sind die Menschen dort sehr stolz auf den großen Sohn der Stadt.

Ob als Hannilein, Uschi Blum oder Königin Beatrix – Hape gehörte zum Goldenen Fernsehzeitalter, als sich die Familie tatsächlich noch am Samstagabend vor der Glotze versammelte. Sein Fernsehstreich „Hurz“, mit dem er 1991 die Besucher eines Klassik-Konzertes veräppelte, ging in die Fernsehgeschichte ein. Und seine Kunstfigur „Horst Schlämmer“, der schmuddelige, ewig nuschelnde stellvertretende Chefredakteur des fiktiven Grevenbroicher Tagblatts, ausgestattet mit Herrenhandtasche und kratzfestem Selbstbewusstsein, ist heute noch Kult. Einige Sprüche von „Horst Schlämmer“ gingen in die Umgangssprache ein. „Ich habe Probleme mit der Bandscheibe“ sagt niemand mehr, sondern „isch hab Rücken“. Als Komiker, Moderator, Synchronsprecher begeisterte Hape Kerkeling sein Publikum, eher er sich am 9. Dezember 2014, seinem 50. Geburtstag, weitgehend ins Private zurückzog.

Begnadeter Spaßmacher, grandioser Unterhalter mit einem Schuss Ironie – dies alles trifft auf Hape Kerkeling zu. Seine Verdienste reichen noch weiter. Sein 2001 erschienenes Buch „Ich bin dann mal weg" über seine Pilgerwanderung auf dem Jakobsweg in Spanien brachte viele Menschen dazu, über sich nachzudenken, auf Sinnsuche zu gehen, den Wert von Status und Besitz infrage zu stellen. Derartige Bekenntnisse eines prominenten Fernsehstars hatte es bis dato nie gegeben. Das Buch wurde über zwei Millionen Mal verkauft.

In seiner Biographie „Der Junge muss an die frische Luft" arbeitet Hape Kerkeling seine Kindheit in Recklinghausen auf, die jäh mit dem Selbstmord der Mutter endet. Nach einer missglückten Operation fällt sie in eine tiefe Depression, fühlt sich wertlos. An ihrer Erkrankung ändern auch die Show-Einlagen ihres jüngeren Sohnes nichts, der Songs von Cindy & Bert parodiert, um sie aufzuheitern. „Wenn die Mutter stirbt", wird Kerkeling später sagen, „hat man als Kind zwei Möglichkeiten. Entweder man stirbt mit. Oder man wird zum unverbesserlichen Optimisten."

Hape Kerkeling hat sich zum Glück für den zweiten Weg entschieden. Dann und wann sieht man ihn bei Preisverleihungen. Heute lebt er mit seinem Ehemann in Bonn, verbringt aber auch viel Zeit in Italien.

Jungfernflug nach London endete in Zwolle

Flugplatz in Rotthausen gehörte zur Pionierzeit der deutschen Luftfahrt.

Der erste Versuch, London von Deutschland per Luftweg über die Nordsee zu erreichen, ist mächtig schief gegangen. Josef Suwelack, gerade mal 25 Jahre jung und schon ein Pionier der Luftfahrt, bestieg am 26. Februar 1913 auf dem Flugplatz Gelsenkirchen - Essen - Rotthausen den von ihm selbst konstruierten Flieger „Kondor", ein Eindecker mit Brennstoffantrieb. Der Start in Rotthausen, damals eigenständige Gemeinde, heute Stadtteil von Gelsenkirchen, gelang mühelos. Suwelack und sein „Kondor" schwebten bis auf 2100 Meter Höhe über den Wolken davon.

Vom Erlebnis über dem weißen Wolkenmeer schwärmte der kühne Pilot noch Jahre später. Doch das Abenteuer mit dem hehren Ziel, auf die britische Insel per Flug über die Nordsee zu gelangen, endete jäh: Der Kompass versagte seinen Dienst, und Josef Suwelack musste den „Kondor" in der Nähe von Zwolle in den Niederlanden notlanden. Dieses Manöver glückte, der Pilot blieb unversehrt.

Es ist wirklich kaum zu glauben, dass mitten im Ruhrgebiet einmal ein Flugplatz zu außerordentlicher Berühmtheit gelangte. Zu verdanken war dies dem begeisterten Ballonfahrer Ernst August Schröder aus Essen. Er war ein großer Förderer des Motorflugsports. Auf seine Initiative wurde 1908 das erste Flugzeug gebaut. Das Areal rund um das Gut Nienhausen befand er als geeignetes Terrain für einen Flugplatz. Schröder verhandelte mit den Verantwortlichen der Stadt Gelsenkirchen, des angrenzenden Stadt- und Landkreises Essen, der Gemeinden Rotthausen und Katernberg sowie der Zeche Zollverein. Am 25. Mai 1912 wurde der Flugplatz Gelsenkirchen - Essen - Rotthausen mit einer von Tausenden Menschen bejubelten spektakulären Flugschau eröffnet. Es war der erste kommunale Flugplatz in Deutschland.

Schon drei Wochen später wurden auf Initiative von Ernst August Schröder die Kondor-Flugzeugwerke GmbH mit Sitz in Essen-Ruhr gegründet. Auf dem Flugplatz bezogen die Pioniere Werkstatt- und Büroräume. Georg Mürau und seine Ehefrau Charlotte Möhring, die zweite Pilotin Deutschlands, sowie Josef Schlatter eröffneten zwei Flugschulen. Und Josef Suwelack begann voller Enthusiasmus mit der Entwicklung und dem Bau von Flugmaschinen. Flugplatz und Flugzeugwerk boomten.

Doch kurz vor dem Ersten Weltkrieg, am 30. März 1914, befanden sich die Flugzeugwerke in finanzieller Schieflage. Vom „Kondor" wurden zwar weitere Typen gebaut, aber ohne durchschlagenden Erfolg.

Noch einmal erlangte der Flugplatz Gelsenkirchen - Essen - Rotthausen nationale Bedeutung. Der „Bund deutscher Flieger", gegründet in Essen, veranstaltete dort am 21./22. September 1919 den ersten deutschen Flugtag nach dem Krieg. Und die Deutsche Luftreederei richtete zwischen Rotthausen und Berlin einen Luftpostbetrieb ein, der allerdings nach einem Jahr wieder eingestellt wurde. Das endgültige Aus für die Kondor-Flugzeugwerke kam ebenfalls 1919. Denn in der Schweiz gründeten zwei Piloten eine Firma für Flugzeugbau. Deutsche Industrielle sollen auf geheimen Wegen Flugmaschinen in die Alpenrepublik gebracht haben, wird überliefert. Heute heißt das wohl Industrie-Spionage.

Der Flugplatz Gelsenkirchen - Essen - Rotthausen verlor seine Bedeutung. Die Luftsportvereinigungen siedelten sich an den Standorten Essen/Mülheim und Borkenberge bei Dülmen an.

„Welcher heutige Besucher des Nienhauser Freizeitparks ahnt, dass sich nahebei an der Trabrennbahn vor rund 60 Jahren ein phantastisches Flugkapitel abspielte, das untrennbar mit der Geschichte der deutschen Fliegerei verbunden ist? – Damit es nicht in Vergessenheit gerät, wurde das bisher wenig Bekannte hier geschrieben.“ So endet der Beitrag des Essener Heimatforschers Hugo Rieth (1922–2006) „Die Kondor-Flugzeugwerke 1912–1918“, veröffentlicht 1979.

Revierpark Nienhausen
Feldmarkstraße 201
45883 Gelsenkirchen
www.nienhausen.de

Die größte Filiale der Welt

Nicht weit vom Gründungsort des Aldi-Imperiums setzt der Discounter neue Maßstäbe.

Hier schließt sich ein Kreis. Ende Oktober 2020 eröffnet Aldi Süd seine größte Filiale der Welt in Mülheim an der Ruhr. Vier Wochen später macht das „Verkaufsstelle 1“ genannte Stammhaus in Essen-Schonnebeck, knapp zehn Kilometer entfernt, den Laden dicht. Für das riesige Sortiment ist er viel zu klein. Obendrein fehlen Parkplätze. Auch wenn das Haus jetzt anders genutzt wird, bleibt es ein historischer Ort, denn hier begann 1919 mit dem „Kaufhaus für Lebensmittel Karl Albrecht“ die Erfolgsgeschichte des größten deutschen Discounters. Die Brüder Karl und Theo Albrecht entwickelten aus dem Tante-Emma-Laden ihrer Eltern ein weltumspannendes Imperium.

In der „Verkaufsstelle 1“ an der Huestraße standen die legendären Aldi-Brüder Karl und Theo Albrecht selbst hinter der Theke. Dort war „über 30 Jahre der Dreh- und Angelpunkt des Firmengeschehens“, wie es das heutige Aldi Nord beschreibt. 1948 beschließen die Brüder, aus ihrem Geschäft eine Handelskette zu machen, in der das Gründungshaus auch als Zentrale genutzt wird. In den Jahren danach eröffnen die beiden über 100 Filialen. 1961 erfolgt die Teilung des Konzerns in Aldi Nord und Aldi Süd, wobei die Grenze zwischen Mülheim und Essen verläuft. Über die Gründe wird noch heute spekuliert. Insider glauben, dass sich die Brüder über die Frage zerstritten haben, ob Zigaretten zum Sortiment gehören sollten oder nicht. Sicher ist aber: Es gab unterschiedliche Auffassungen über die Unternehmensstrategie.

Ab 1962 wird aus „Albrecht Diskont" Aldi Nord, wo Theo Regie führt, und Aldi Süd mit Karl an der Spitze, der im Wettbewerb der Brüder bald die Nase vorn hat. Das Erfolgsrezept, nach dem beide handeln, ist aber gleich: ein überschaubares Sortiment, viele Eigenmarken, zahlreiche Aktionen, Verkauf mancher Waren direkt aus dem Karton. Dadurch bildet sich ein Billig-Image, mit dem die Albrechts aber bestens leben können. Ihre Preise sind in einigen Segmenten unschlagbar – zum Beispiel bei Computern, die erstmals von einem Discounter angeboten werden. Frühmorgens stehen die Menschen Schlange, um sich ein Gerät zu sichern. Mitunter kommt es zu chaotischen Szenen.

Mit der Zeit verändern sich die Kundenwünsche. Konkurrenzlos günstige Preise bleiben wichtig, doch ein ansprechendes, luxuriöseres Ambiente und ein größeres Sortiment müssen her. Aldi versteht die Signale, avanciert in den meisten Filialen zum Edel-Discounter mit einem sehr umfangreichen Wein-Angebot und Bio-Waren.

An der Spitze dieses Wandels steht nun die Mülheimer Filiale an der Mannesmannallee, die von der riesigen konzerneigenen Kaffeerösterei gleich nebenan überragt wird. Knapp 2000 Quadratmeter Verkaufsfläche, edel designt, weist das Geschäft aus und streckt sich über sieben Gänge, die bis zu 60 Meter lang sind. Frische steht an erster Stelle. Reiht man alle Kühlregale aneinander, sind sie 70 Meter lang. Sogar ein Kräuter-

Kleingarten gehört zum Sortiment. Sechs verschiedene Sorten wie Schnittlauch, Minze, Basilikum, Koriander sowie krause und glatte Petersilie werden angebaut und erntefrisch verkauft. Der Einkauf soll zum Erlebnis werden, so lautet das Credo.

Aldi Süd
Mannesmannallee 32-34
45475 Mülheim an der Ruhr

Piepser aus dem Weltall

Die Sternwarte Kap Kaminski in Bochum fängt als erste westliche Station Signale von Sputnik I auf.

Kohle und Stahl prägten das Ruhrgebiet während der Wirtschaftswunderjahre. Einen Horchposten, der seine Lauschangriffe ausschließlich auf das Weltall richtete, hätte dort deshalb kaum jemand vermutet. Hightech war noch nicht angesagt. Und es gab Wichtigeres zu tun, als den Weltraum zu erkunden. Wie eine Bombe schlug deshalb 1957 die Nachricht ein, dass die Sternwarte Bochum als erste westliche Station das Piepen von Sputnik I aufgefangen hatte – dem ersten Erdsatelliten, von der damaligen Sowjetunion ins All befördert.

Die Bochumer Sternwarte im Stadtteil Sundern ist leicht zu finden. Das Radom, eine 40 Meter hohe Tragluftkuppel, die eine 20 Meter hohe Parabolantenne vor Wind und Wetter schützt und 1967 in Betrieb ging, ist weithin sichtbar. 220 Tonnen wiegt das Ungetüm, das mit einer Positioniergenauigkeit von 1/1000 Grad empfangen und auch senden kann. Was wiederum die NASA bewog, die Sternwarte Bochum an der Marsmission AMSAT P5A zu beteiligen.

Zurück ins Jahr 1957, genauer gesagt auf den 5. Oktober: Es war früher Morgen, als Bochum die ersten Geräusche aus dem Weltall einfing und über Lautsprecher übertrug – früher als viele andere Stationen auf der Welt. Vielleicht war dies den NASA-Experten sogar recht. So blieb ihnen zunächst erspart, den Erfolg der konkurrierenden Russen zu würdigen und einräumen

Sputnik I sendete am 5. Oktober 1957 die ersten Piepser aus dem Weltall. Und die Sternwarte Bochum unter Leitung von Heinz Kaminski (im Vordergrund) fing sie als erste zivile Einrichtung auf. Seither heißt die Sternwarte im Volksmund „Kap Kaminski“ und bewährte sich bei vielen anderen Weltraum-Unternehmungen als hochkompetentes Ohr am unendlichen All.

zu müssen, beim Wettlauf ins All den Start verpasst zu haben. Als vier Jahre später den Sowjets der erste bemannte Weltraumflug mit dem Kosmonauten Jury Gagarin gelang, fühlte sich das für die US-Amerikaner erneut wie eine Demütigung an. Auch diesmal war die Sternwarte frühzeitig auf Horchposten und spielte im Kalten Krieg zwischen West und Ost eine Rolle als hochsensibles Ohr im All. Eine Art „Star Wars“ im Revier, wer hätte das gedacht?

Als dann 1969 mit dem Amerikaner Neil Armstrong der erste Mensch den Mond betrat, hatten die Bochumer die ersten Bilder fünf Minuten früher als das Fernsehen, weil sie auf einer NASA-Frequenz dabei waren. 2009 gab es erneut Lorbeeren von der Fachwelt. Es war gelungen, mit Hilfe der riesigen Antenne das Echo der Venus zu empfangen.

Doch warum ist die Sternwarte Bochum viel besser unter dem Namen „Kap Kaminski" bekannt? Das ist auf den legendären Chemie-Ingenieur, Astronomen und Forscher Heinz Kaminski (1921–2002) zurückzuführen, der dort bereits 1946 eine Volkssternwarte der Volkshochschule gründete. Diese wurde im Laufe der Jahre zu einem technologisch bestens ausgestatteten Horchposten entwickelt. Kaminskis durch Fachkompetenz erworbenes internationales Renommee und seine hohe Medienpräsenz haben die Sternwarte, die 1982 zum Institut für Umwelt- und Zukunftsforschung (IUZ) umgewidmet wurde, weltweit bekannt gemacht.

Sternwarte Bochum
Blankensteiner Straße 200a
44797 Bochum
T. 0234 47711
www.sternwarte-bochum.de

Höchste Weihe für Fernsehmacher

Der Grimme-Preis, initiiert von einem Volkshochschullehrer, machte auch Marl bekannt.

Fernsehen war gestern – Netflix ist heute. Oberflächlich betrachtet vielleicht. Klar: Viele Menschen hängen jeden Abend stundenlang vor der Glotze und ziehen sich eine Serie nach der anderen rein. Anspruchsvolle Filme, Nachrichten, Dokumentationen und Reportagen? Uninteressant. Schade, denn Fernsehen bildet – ja tut es. Und damit das so bleibt, schaffen Menschen und Institute Anreize, damit ganz viele Menschen ganz viele tolle Ideen für gutes Fernsehen entwickeln.

Da wäre zum Beispiel der Grimme-Preis, der renommierteste deutsche Fernsehpreis. Jedes Jahr wird er in Marl verliehen. Ja, in Marl, dieser Retortenstadt mitten im Ruhrgebiet, und nicht etwa in Berlin, München oder Hamburg. Einen Roten Teppich gibt es vor dem Marler Theater dann auch, und Promis ebenso.

Über hundert Fernsehpreise gibt es in Deutschland. Aber dieser „Grimme“, der ist etwas ganz Besonderes. Und erstaunlich, dass er nicht nur all die Jahre überlebt, sondern vor allem an Bedeutung gewonnen hat. So enorm, dass der Grimme-Preis, benannt nach dem ersten Generaldirektor des Nordwestdeutschen Rundfunks Adolf Berthold Ludwig Grimme (1889–1963), schon lange keine ehrenamtlich organisierte Veranstaltung mehr ist. Grimme, der aus Goslar stammt, gilt bis heute als Pionier für das moderne Verständnis des Rundfunks.

Initiator dieses Preises war der Lehrer und Direktor des Bildungswerkes Marl, Bert Donnepp (1914–1995). Als Leiter der Volkshochschule und der Stadtbibliothek Marl fasste er den Entschluss, eine Medien-Volkshochschule aufzubauen und entwickelte das Modell einer Kooperation zwischen Weiterbildung und dem Medium Fernsehen. Außerdem erarbeitete er ein Konzept für einen Fernsehpreis. 1964 wurde erstmals der Adolf-Grimme-Preis (seit 2010 nur Grimme-Preis) verliehen. 13 Jahre lang organisierten ehrenamtliche VHS-Mitarbeiter den Wettbewerb. Das 1973 von Donnepp gegründete Adolf-Grimme-Institut übernahm die Ausrichtung ab 1978.

Ein Pädagoge also hatte die Idee, einen Fernsehpreis zu schaffen. Dabei ging es Bert Donnepp nicht darum, einfach zu konsumierende Massenunterhaltung auszuzeichnen, sondern um Qualität statt Quote. Fernsehen mit hohem Anspruch, ja mit Bildungsanspruch zu fördern, das war sein Credo. Donnepps Vision wurde nicht nur wahr, sie kam bei den Fernsehmachern an – bis heute.

500 bis 600 Vorschläge für die Preise in verschiedenen Kategorien werden alljährlich im Grimme-Institut eingereicht. Dabei kann neben den Fernsehanstalten, Produzenten oder Regisseuren auch jeder Bürger begründete Empfehlungen abgeben. Eine Fachjury entscheidet, wer nominiert wird. Und wiederum eine Fachjury ermittelt die Preisträger. Seine Bodenständigkeit und seinen engen Bezug zum „Volk“ hat der Grimme-Preis nicht verloren. Denn jedes Jahr wird auch ein Publikumspreis vergeben. Die Jury: die Marler

Gruppe, eine Arbeitsgemeinschaft der „insel“, seit 1955 der Name der VHS.

Das Adolf-Grimme-Institut fusionierte 2010 mit dem Europäischen Zentrum für Medienkompetenz, ebenfalls mit Sitz in Marl, und firmiert seitdem unter dem Namen Grimme-Institut. Neben dem Grimme-Preis verleiht es auch den Grimme Online Award und den Deutschen Radiopreis.

Das Grimme-Institut ist eine Einrichtung für Medienbildung und wird vom Land NRW, aber auch über Rundfunkbeiträge finanziert.

Grimme-Institut
Gesellschaft für Medien, Bildung und Kultur mbH
Eduard-Weitsch-Weg 25
45768 Marl
T. 02365 91890
www.grimme-institut.de

Schneller zur Maloche und in die Stadt

1897 fährt in Oberhausen die erste kommunale Straßenbahn in Deutschland.

Wir schreiben die zweite Hälfte des 19. Jahrhunderts. Seit der Erfindung der Eisenbahn ist es nun möglich, Kohle und Erz in großen Mengen zu transportieren, was der Industrialisierung einen gewaltigen Schub verleiht. Vor allem in der Emscherzone entsteht eine surreale Landschaft aus Bergwerken und Eisenhütten. Aus dem einst beschaulichen Ruhrgebiet ist ein industrieller Moloch geworden, der neben Rohstoffen schier unbegrenzt Arbeitskräfte benötigt. Eine Einwanderungswelle nie gekannten Ausmaßes sorgt dafür, dass sich die Einwohnerzahlen der Städte innerhalb weniger Jahrzehnte vervielfachen. Aus den ärmeren Gegenden Deutschlands, aus den Niederlanden und seit 1890 hauptsächlich aus den östlichen, polnisch-sprachigen Teilen Preußens strömen die Menschen in den Ruhrpott.

Was bei aller Revier-Nostalgie zu wenig erwähnt wird, ist die schlechte Infrastruktur, die nicht mit dem rasanten Wachstum mithalten kann. Es fehlt an allem: an Wohnungen, an der Wasserversorgung und an einem Abwassersystem. Letzteres führte dazu, dass die einst sprudelnde, idyllische Emscher zu einer Kloake wird, zu einem stinkenden, offenen Abwasserkanal, der Krankheiten verbreitet.

Auch die Verkehrssysteme sind unzureichend. War es fast zum Ende des 19. Jahrhunderts noch üblich, dass Arbeiter und Angestellte in unmittelbarer Nähe von Ze-

Wie erreichen die vielen Menschen, die im Zuge der Industrialisierung ins Ruhrgebiet kamen, die Zechen und Eisenhütten und die Innenstadt? Mit Hilfe der Straßenbahn wurde dieses Problem gelöst. Mit ihrem kommunalen Straßenbahnbetrieb gab die Stadt Oberhausen 1897 die Richtung vor.

che oder Werk wohnen, verhindern nun der zunehmende Flächenbedarf und die enorm anwachsenden Belegschaften der Montanindustrie diese bis dahin ideale Lösung. Außerdem müssen die vielen Menschen, die hier eine Existenz aufbauen wollen, ein Dach überm Kopf haben. So entstehen Siedlungen und Wohnprojekte in Vororten und jenseits der Stadtgrenzen. Der Arbeitsplatz ist kaum noch fußläufig zu erreichen, als

Alternative bieten sich nur das Fahrrad oder der selten verfügbare, überlastete Pferde-Omnibus an.

Oberhausen ist zu dieser Zeit ein Schwerpunkt der Montanindustrie. Der Industriekonzern Gutehoffnungshütte (GHH) betreibt hier Hütten und Stahlwerke, zahlreiche Zechen fördern die dafür nötige Steinkohle. Die Zahl der Arbeiter wächst und wächst. Doch wie sollen Zehntausende von den Wohnungen zu den Werkstoren kommen? Eine Frage, die Werksleitungen und Malocher gleichermaßen beschäftigt. Eine Bürgerfraktion wiederum wünscht sich ein Wachstum der Innenstadt als Geschäftszentrum und als Dienstleistungszentrale. Heute würde man sagen: eine attraktive City.

Die beste Lösung für beide Anliegen besteht in der Gründung eines kommunalen Straßenbahnbetriebs, denn elektrisch angetriebene Bahnen, vorangetrieben von Siemens und AEG, gibt es ja bereits. So kann ein Pendelverkehr Menschen von außerhalb in die Stadt und zur Arbeit und umgekehrt an die Peripherie bringen – natürlich mit vielen Haltestellen.

1896 fasst der Rat den Gründungsbeschluss. Oberhausen bringt damit den ersten kommunalen Straßenbahnbetrieb in Deutschland auf die Schiene. Eine Pionierleistung. Unverzüglich beginnt man, Oberleitungen, Gleise und Weichen zu verlegen. Ein Jahr später nimmt die erste Bahnlinie ihren Betrieb auf. 1901 existieren sogar schon drei Linien, die über die Stadtgrenzen hinausgehen.

Wie wichtig die Straßenbahn für die Stadtentwicklung ist, wird sich in den Jahren danach zeigen. Die

Städte wachsen zusammen, aus dem industriegeprägten Oberhausen und den bis dato selbstständigen Gemeinden Sterkrade und Osterfeld entsteht 1929 das heutige Oberhausen. Ohne die Weitsicht der Verantwortlichen von damals wäre es wohl erst viel später oder auch nie dazu gekommen.

Aus Kostengründen stellte Oberhausen im Jahr 1963 alle Straßenbahnen in die Remise und setzte fortan ausschließlich auf Busse. Als Jahrzehnte später eine zuverlässige Nord-Süd-Verbindung benötigt wurde, erlebte die gute alte Tram ihre Renaissance. Seit 1996 betreibt Oberhausen gemeinsam mit seiner südlichen Nachbarstadt die Linie 112, die vom Kaiserplatz in Mülheim bis zum Sterkrader Neumarkt im Oberhausener Norden verkehrt. Ab Oberhausen Hauptbahnhof fährt die 112 auf einer eigenen Trasse und ist dabei schneller am Ziel als jedes Auto.

Genialer Mix aus Talent und Schule

Gelsenkirchener Gesamtschule und der FC Schalke 04 verknüpfen Bildung und Profifußball.

Es gibt Ereignisse, die erst Jahre später als Meilenstein für ein zukunftsorientiertes Projekt anerkannt werden. Zu diesen gehört die Einführung der Gesamtschulen 1969. Zweifelsfrei war sie ein bedeutender Schritt in der Schulpolitik. Historiker haben Forderungen nach einer Einheitsschule schon im 17. Jahrhundert gefunden. Das erste Konzept für eine Schule ohne äußere Differenzierung entwickelte 1809 der Preuße Wilhelm von Humboldt. Nun, es hat lange gedauert, bis es 1969 endlich soweit war.

Eine der ersten Gesamtschulen im Ruhrgebiet war neben Dortmund und Oberhausen die Schule in Gelsenkirchen – zunächst an mehreren Standorten. Erst 1974 bezog sie ihr eigenes, neues Gebäude im Berger Feld in Erle. Seit dem heißt sie Gesamtschule Berger Feld. Ein Jahr zuvor wurde gleich nebenan das Parkstadion eingeweiht, die neue Spielstätte des FC Schalke 04. Diese ungewöhnliche Nachbarschaft von Fußballstadion und Bildungseinrichtung führte Jahre später zu einer sehr erfolgreichen sportlich-schulischen Kooperation. Deshalb ist die Gesamtschule Berger Feld vielleicht etwas Besonderes, auf jeden Fall ist sie eine Pionierin in der Zusammenarbeit Schule und Fußball. Erfolgreichster Repräsentant ist der 1986 in Gelsenkirchen geborene Fußballer Manuel Neuer, einer der besten Torhüter der Welt.

Seit 1995 besteht zwischen der Schule und dem Bundesligisten FC Schalke 04 eine Kooperation. Da war Manuel Neuer gerade mal neun Jahre alt und kickte bereits für die Königsblauen. Das Talent des Jungen erkannten die Trainer früh. Nun galt es, die sportliche und die schulische Karriere unter einen Hut zu bringen – nicht nur bei Neuer, sondern auch bei weiteren talentierten jungen Fußballern.

Da hatten die Verantwortlichen des Bundesligisten und die Leitung der Gesamtschule Berger Feld die richtige Idee. Sie gründeten das Fußball-Teilinternat „Auf Schalke“, gerne auch „Knappenschmiede“ genannt. Da Schule, Trainingsanlagen und Unterbringung in unmittelbarer räumlicher Nähe lagen, konnten Unterricht, Training und Freizeit perfekt miteinander koordiniert werden. Einmal pro Woche setzten sich Trainer, Betreuer und Lehrer zusammen, um festzustellen, ob die schulische Leistung der jungen Fußballer nicht unter den extremen sportlichen Anforderungen litt.

Das Modell war erfolgreich. Nicht nur der Landesverband wurde aufmerksam, sondern auch der Deutsche Fußball-Bund (DFB). Aus der „Knappenschmiede“ wurde eine Eliteschule des Fußballs. Seit 2007 ist die Gesamtschule Berger Feld, die heute 1400 Schüler zählt, die von 120 Lehrern unterrichtet werden, DFB-Eliteschule des Fußballs. Sie war seinerzeit die vierte im Lande, inzwischen gibt es 32 davon, im Ruhrgebiet neben Gelsenkirchen noch in Bochum und Kamen. Besser kann Talentförderung kaum umgesetzt werden.

Manuel Neuer ist einer der prominentesten Absolventen im Berger Feld. Zum Schuljahr 2000/2001 wechselte er von der Realschule auf die Gesamtschule mit der angeschlossenen Fußball-Eliteschule. 2006 verließ er sie mit der Fachhochschulreife. Mit einem guten Abschlusszeugnis in der Tasche, konnte er sich fortan ganz auf seine Fußball-Karriere konzentrieren.

Seit 2005 gehörte der Torwart zur ersten Mannschaft des FC Schalke 04, mit der er 2011 den DFB-Pokal gewann. Im selben Jahr unterschrieb Manuel Neuer einen Vertrag beim FC Bayern München, mit dem er in Serie Deutscher Meister, Pokalsieger und Champions-League-Gewinner wurde. Mit der deutschen Nationalmannschaft gewann er 2014 in Brasilien den Weltmeister-Titel.

Privat engagiert sich Manuel Neuer für Kinder und Jugendliche. Im Jahr 2010 gründete er seine Stiftung „Manuel Neuer Kids Foundation“, mit der er ein Projekt der katholischen Stadtkirche Gelsenkirchen und einen Jugendtreff der Amigonianer, eine katholische Ordensgemeinschaft, unterstützt.

„Hands up!“

Das Ruhrgebiet, eine wahre Krimi-Schmiede.

„Er traf Charlie verabredungsgemäß in Gelsenkirchen auf dem Parkplatz hinter dem Stadttheater. ... Der ‚Geier‘ parkte seinen Transporter direkt neben Charlies weißem Mercedes Kombi. ... Zwei Taxen jagten über die Rolandstraße. Der zweite Taxifahrer hupte, der erste bremste. ... Sie waren mitten in der Stadt, aber an einer dunklen Stelle. Das Leben fand jetzt woanders statt. Rundum in den Kneipen, ja möglicherweise lief gerade im Musiktheater eine Operette, aber hier hinten auf dem Parkplatz hinterm Theater war davon nichts zu merken. ... Als er den Parkplatz verließ und das Musiktheater im Revier einmal umkreiste, wurde ihm deutlich, was für ein besonderes Bauwerk das hoch aufragende Gebäude war. ... Er wusste, dass Gelsenkirchen angeblich eines der bedeutendsten Theatergebäude des Landes hatte.“

So beschreibt Klaus-Peter Wolf in seinem Roman „Rupert undercover“ Gelsenkirchen als Tatort. Leider ist er es auch häufig im wirklichen Leben. Aber deshalb macht der berühmte Krimiautor dieses dunkle Fleckchen Ruhrgebiet nicht zur Kulisse in seinem Werk. Und schon gar nicht wollte er der Stadt eins reinwürgen. Vielmehr ist es eine Hommage an die ehemalige Heimat. Dort, wo für den Schriftsteller einst die große Karriere begann – in der heimlichen Krimi-Schmiede der Nation.

Klaus-Peter Wolf, 1954 in der Stadt der tausend Feuer geboren, ist zweifelsfrei der berühmteste Vertre-

Klaus-Peter Wolf aus Gelsenkirchen-Ückendorf avancierte im Lauf der Jahre zu einem der erfolgreichsten deutschen Krimi-Autoren. Viele seiner Ostfriesen-Krimis schafften es auf Anhieb auf Platz eins der Bestseller-Listen.

ter der Romanschreiber aus dem Ruhrgebiet. Seine Ostfriesen-Krimis gehen durch die Decke, erzielen Rekordauflagen. Achtmal in Folge landeten seine Romane von null auf Platz eins der Spiegel-Bestsellerliste. Vier davon wurden bereits verfilmt, waren im ZDF zur Hauptsendezeit zu sehen. Ohne Zweifel ist Wolf ein Superstar der Szene.

Schon mit 14 Jahren schrieb er Geschichten für Tageszeitungen. Einen Tag vor der Abiturprüfung am Gelsenkirchener Grillo-Gymnasium erhielt er den Preis für die beste deutsche Kurzgeschichte. „Ich war Deutschlands jüngster Literaturpreisträger. Dabei hatte ich in Deutsch eine Fünf", erinnert sich der Autor. Neben den Krimis verfasst er Kinderbücher, die bisher in 26 Sprachen übersetzt wurden, Drehbücher für Serien wie Tatort, Polizeiruf 110 und vieles mehr. „Von mir stammen 150 Stunden Fernsehen", sagte er schon 2019 nicht ohne Stolz. Heute lebt Klaus-Peter Wolf in der ostfriesischen Stadt Norden. Und schreibt und schreibt.

Unter den vielen Autoren im Ruhrgebiet genießen die Krimi-Schreiber sicherlich die größte Popularität. Denn wer liest nicht gerne Krimis? So ein bisschen Grusel gibt dem Alltagsleben doch erst die scharfe Würze. Und wenn der Leser im Pott so fühlt, als sei er direkt am Tatort, dann ist das Krimi-Erlebnis richtig real.

Neben Klaus-Peter Wolf schreiben Ruhrpott-Autoren wie Peter Kersken, Lotte Minck, Margit Kruse, Jörg Juretzka und Jörg Stanko Krimis, die im Revier spielen. Andere, zum Beispiel Thomas Salzmann, verorten ihre Krimis im Ruhrgebiet. Und wieder andere wie die Gelsenkirchenerin Johanna Huda lassen ihre Kriminalgeschichten in traumhaften Ferienregionen spielen.

Zollverein, nicht nur ein Industriedenkmal

Auf dem UNESCO-Welterbe in Essen sind heute zahlreiche und auch seltene Tiere und Pflanzen zu Hause.

Erstaunlich, was die Natur so alles kann. Gemeint sind Flora und Fauna. In diesem Fall nicht der Mensch, der zweifelsfrei auch zur Natur gehört. Im Essener Norden hat der Homo sapiens der Pflanzen- und Tierwelt erst einmal den Garaus gemacht.

Das war im Jahr 1834, als der Industrielle Franz Haniel (1779–1868) für die Herstellung von Koks, den er für die Stahlerzeugung benötigte, nach größeren Vorkommen von Kokskohle suchte und auf dem heutigen Welterbe Zollverein fündig wurde. Damit legte er den Grundstein für die Zeche Zollverein.

Ihre Geschichte wird an dieser Stelle übersprungen. Es reicht zu wissen, dass Zeche und Kokerei der Natur den Lebensraum genommen haben. Aber nach der letzten Schicht Ende 1986 und der Stilllegung der Kokerei 1993 gaben sie ihr diesen wieder zurück – zunächst unbewusst, heute nicht nur mit Wohlwollen, sondern auch mit großer Unterstützung.

Auf dem Welterbe Zollverein hat sich eine einzigartige Natur, eine Industrie-Natur, und damit ein besonderes Ökosystem sein Refugium erobert: ganz langsam und zunächst weitgehend unbemerkt. Auf den Brachflächen sowie zwischen Stahl und Stein der alten Aggregate kämpften sich Pflanzen an die Oberfläche und vermehrten sich dank der Tatsache, dass hier kaum ein Mensch seine Füße hinsetzte. Selbst als aus der Ze-

Nicht nur Industrie-Ästhetik und rostbraune Patina: Auf Zollverein erobert sich die Natur ihr Terrain zurück. Zwischen den alten Aggregaten haben sich inzwischen viele Pflanzen angesiedelt.

chenbrache mehr und mehr ein Industriedenkmal entstand, ließen sich weder das erste sprießende Grün noch eine überschaubare Insekten- und Tierwelt vertreiben. Flora und Fauna hatten diesmal im Gegensatz zur Zeit der Zechengründung einen riesigen Vorteil: größtenteils unbeachtet ließ der Mensch sie gewähren. Es sollte sein Schaden nicht sein.

Dort, wo einst taubes Gestein, der Abraum der Kohleförderung, abgekippt worden war, entstand eine wilde Natur. Pflanzen- und Tierschützer, aber auch die ersten Besucher des Welterbes im Essener Norden waren angetan. Besonders im Sommer, wenn sich vor den roten Mauern der alten Zechen- und Industrieanlagen ein kräftiges Grün, Blau, Rot und Gelb Aufmerksamkeit verschafften und Insekten munter von Blüte zu Blüte flogen. Mittlerweile zählen die Mitglieder des Naturschutzbundes NRW auf Zollverein mehr als 500 Farne und Blütenpflanzen, 40 Vogel- und 20 Schmetterlingsarten. Bienen, Libellen, Eulen, Turmfalken, Kreuzkröten und Molche schwirren, fliegen und springen umher. Goldruten und Nachtkerzen aus Nord-Amerika, Geiskraut aus Südafrika, Schmetterlingsflieder aus China und die Blaue Lampionblume aus Peru sind einige der botanischen Raritäten, die als blinde Passagiere auf Containern und Waggons den Weg ins Ruhrgebiet fanden und sich eine neue Heimat eroberten.

Auf den alten Bahngleisen sind begehbare Wege entstanden. 3,5 Kilometer lang ist die Ringpromenade rund um den 70 Hektar großen Zollverein Park, der längst ein angesagtes Freizeitziel und Naherholungsgebiet ist. Spaziergänger, Jogger und Radfahrer teilen sich die Wege, an denen Bänke, Picknickplätze und Aussichtspunkte zum Verweilen einladen. Viele Studierende der Folkwang Universität der Künste, die mit ihren Bereichen Fotografie, Kommunikationsdesign und Industrial Design im Wintersemester 2017 auf dem Welterbe ihr neues Haus bezogen hat, genießen ihre Pause im Zollverein-Park oder ziehen sich zum Lernen dorthin zurück. Etliche Künstler haben sich mit Skulpturen zwischen Eichen, Birken und Blumen verewigt.

Wie wertvoll und erhaltenswert den Menschen heute die Natur ist, zeigt, dass 2015 die RAG, das Ruhr Museum und die Stiftung Zollverein eine Kooperation mit dem NABU NRW eingegangen sind. Hans-Peter Noll, heute Vorstandsvorsitzender der Stiftung Zollverein, sagte bei der Unterzeichnung des Vertrages: „Wir erleben hier Natur aus zweiter Hand in vielfältigen Lebensräumen und verschiedenen Entwicklungsstadien auf engstem Raum. Dieses Naturgeheimnis gilt es, öffentlich bewusst zu machen, damit wir jetzt und für die Zukunft nachfolgender Generationen verantwortungsvoll mit diesem Schatz im Essener Norden umgehen und ihn bewahren."

Zollverein Park
UNESCO-Welterbe Zollverein
Areal A, Schacht XII,
Gelsenkirchener Straße 181
45309 Essen
www.zollverein.de/besuch-planen/themenverzeichnis

Gastro-Tipp

Im Café und Restaurant „Die Kokerei“ auf dem Welterbe-Gelände kann man ungezwungen, auch im Sportdress, Kaffee trinken und Kuchen essen oder einen typischen Pott-Imbiss bestellen. Das Ambiente im Industrie-Denkmal ist einzigartig.

www.zollverein.de

Das Casino Zollverein bietet gehobene Küche. Im Biergarten gegenüber geht es sportlich und familiär zu. Serviert werden einfache Speisen.

www.zollverein.de

Im neuen Design-Bergbau-Hotel lässt sich von der Terrasse mit Biergarten aus Industriekultur im Grünen bestaunen.

www.hotelfriends.de

Quax, der Bruchpilot aus dem Ruhrgebiet

Der große deutsche Schauspieler Heinz Rühmann verlebte einen großen Teil seiner Kindheit in Essen.

Wir schreiben September 2002. Als Hauptgang des „Rühmann-Menüs“ serviert das Hotel „Handelshof“ in der Essener Innenstadt Schmorbraten in Malzbiersoße, zum Dessert gibt es warme Vanilleschnitten mit Sauerkirsch-Soße. Es sind genau jene Gerichte, die Heinz Rühmanns Mutter Margarethe 1915 als Köchin in eben diesem „Handelshof“ zubereitet hat.

Einige hundert Meter weiter auf der Einkaufsmeile Kettwiger Straße liegt das Traditionskino „Lichtburg“, das wie kein anderes Lichtspieltheater in Deutschland den Charme der 1950er Jahre verkörpert. Dort gibt die Stadt Essen aus Anlass des 100. Geburtstages eines ihrer berühmtesten Söhne einen Empfang. Mit dabei sind seine Witwe Hertha Rühmann, Schauspielerin Anouschka Renzi, Produzent Gyula Trebitsch und viele andere. Als der rote Samtvorhang aufgeht, sehen die Gäste eine Filmcollage mit berühmten Filmszenen und nachgespielten Kindheitserinnerungen des „größten deutschen Schauspielers des 20. Jahrhunderts“. Mit diesem Titel wird Heinz Rühmann geehrt, dem 1995 – ein Jahr nach seinem Tod – posthum die Goldene Kamera verliehen wurde.

Heinz Rühmann dürfte auf seine Kindertage im Revier wohl mit gemischten Gefühlen zurückgeblickt haben. Am 7. September 1902 in Essen geboren, steht er schon als Fünfjähriger auf den Brettern, die die Welt bedeuten. Genauer gesagt: er sitzt. Und zwar in der Bahnhofsgaststätte von Wanne, heute ein Ortsteil von Herne, die seine Eltern erfolgreich betreiben. Jedenfalls platziert ihn sein Vater auf der Theke und lässt ihn Gedichte aufsagen – sehr zum Vergnügen der Stammgäste. Ein prägendes Erlebnis für den Jungen. Von da an steht für ihn fest, dass er eines Tages Schauspieler werden würde. Ermutigt durch den Erfolg in Wanne, übernehmen die Eltern 1913 den neueröffneten, sehr ambitionierten „Handelshof", was schon im gleichen Jahr mit einem finanziellen Fiasko und der Insolvenz endet. Daran scheitert letztlich auch die Ehe, die im März 1915

Als Star der turbulenten Fliegerkomödie „Quax der Bruchpilot" sorgte Heinz Rühmann im Kriegsjahr 1941 für willkommene Ablenkung. Die Filmprüfstelle des Dritten Reiches verlieh dem Streifen das Prädikat „künstlerisch wertvoll". Rühmann hatte kein Problem, sich in die Rolle einzufinden: Er war selbst ein begeisterter Pilot.

geschieden wird. Der Vater zieht nach Berlin, wo er wenig später vermutlich Selbstmord begeht. Die Mutter lässt sich mit Heinz und seinen beiden Geschwistern in München nieder.

Den Durchbruch als Filmschauspieler schafft Rühmann 1930 mit der Hauptrolle in „Die Drei von der Tankstelle" und wird schnell zum beliebtesten Schauspieler seiner Zeit. Auch „Quax, der Bruchpilot", in Kriegszeiten (1941) gedreht, trägt zur Popularität bei.

Als eine Art Antiheld, klein von Statur, dabei aber pfiffig, verschmitzt und charmant, folgen in der Nachkriegszeit zahlreiche Kassenschlager wie „Der Hauptmann von Köpenick", „Es geschah am hellichten Tag" oder „Pater Brown", die noch heute vor allem ältere Zuschauer begeistern.

Kleines Rätsel zum Schluss: Welches Getränk wurde zum Abschluss des Abends im „Handelshof" gereicht? Feuerzangenbowle natürlich!

Heute ist der „Handelshof" ein modernes Business-Hotel. An Heinz Rühmann erinnert nur noch eine Tafel an der Fassade.

Hotel Handelshof
Am Hauptbahnhof 2
45127 Essen
T. 0201 24685300
www.select-hotels.com

„Keiner kommt an Gott vorbei

… außer Stan Libuda". Noch heute verehren die Schalker den dribbelstarken, aber scheuen Rechtsaußen. Vereins-Präsident Günter Siebert war dafür umso lauter.

„Keiner kommt an Gott vorbei außer Stan Libuda" – diesen Spruch kennt jeder im Ruhrgebiet. Reinhard „Stan" Libuda, geboren am 10. Oktober 1943 im Kreis Lippe, zählt zu den Fußball-Ikonen des Reviers. Er beherrschte den „Matthews-Trick" (links antäuschen, rechts vorbei) des legendären Sir Stanley Matthews perfekt, weshalb ihn die Fans kurzerhand „Stan" tauften.

Aufgewachsen im Arbeitermilieu in Gelsenkirchen-Haverkamp wird Libuda schon 1952 Mitglied beim FC Schalke 04. Bereits mit 17 Jahren erhält er seinen ersten Vertrag und wird 1963 Stammspieler der Königsblauen in der gerade gegründeten Fußball-Bundesliga. Der dribbelstarke Rechtsaußen wird von den gegnerischen Abwehrspielern gefürchtet, weil er sie oft wie steifbeinige Tölpel aussehen lässt. Als Schalke 04 1965 absteigen muss, wechselt Libuda zum Erzrivalen Borussia Dortmund, mit dem er 1966 gegen den FC Liverpool den Europapokal der Pokalsieger gewinnt. 1968 kehrt er zu „seiner Liebe" Schalke 04 zurück. Als Nationalspieler kommt er 26-mal zum Einsatz und wird mit der deutschen Elf bei der WM 1970 in Mexiko Dritter. Seine Karriere beendet Libuda 1976. Beruflich und privat nimmt sein Leben nach dem Fußball keinen guten

Lauf. Trotz seiner Popularität bleibt er stets ein scheuer, schüchterner Mensch und kann nicht gut mit Geld umgehen. Schließlich lebt er von Arbeitslosenhilfe. Nach einem Schlaganfall stirbt Reinhard Libuda am 25. August 1996 in Gelsenkirchen.

Gleichermaßen legendär wie umstritten ist Günter „Oskar" Siebert (geboren 15. Dezember 1930 in Kassel, gestorben 16. Juni 2017 in Eckernförde) – sicherlich die schillerndste Persönlichkeit beim FC Schalke 04. Mit seiner Präsenz und Rede-Gewandtheit liefert er das exakte Kontrastprogramm zu „Stan" Libuda. 1967 wählen ihn die Mitglieder zum jüngsten Präsidenten der Bundesliga. Unter seiner Regie wird Schalke 1972 Deutscher Vizemeister und DFB-Pokalsieger. Siebert findet Talente, trifft kluge Personalentscheidungen, liegt auch öfter mal daneben. Nach seiner Abwahl 1976 kehrt er noch zweimal auf den „Thron" zurück, 1978 bis 1979 und 1987 bis 1988. Legendär sind seine Auftritte bei den Jahreshauptversammlungen der Schalker, bei denen er sehr auf die Tränendrüse drückt und seine drohende Abwahl mit Reden voller Pathos abwendet.

Sieberts Leben gleicht einer Achterbahnfahrt. Er lebt von Arbeitslosengeld, eröffnet einen Muschelhandel und Kioske in Gelsenkirchen sowie einen Tanzschuppen auf Gran Canaria. Siebert, den alle „Oskar" nennen, ist bekannt und beliebt. Doch es gibt auch Kritiker. So soll Schalke-Spieler Rüdiger Abramczik gesagt haben: „Günter Siebert kaufte als Präsident für viel Geld die falschen Spieler. Er hätte beim Muschelhandel bleiben sollen, vielleicht hätte er wenigstens in einer Auster einmal eine Perle gefunden."

Ein genialer Fußballer: Der Schalker Stürmerstar Reinhard Libuda. Auf dem Platz gelang ihm alles, die Fans liebten ihn und seine Tricks. Nur im Privatleben hatte er wenig Glück..

Während seiner aktiven Zeit ist Siebert einer der erfolgreichsten Stürmer in der Fußball-Oberliga-West. In 118 Spielen für die Königsblauen erzielt er 61 Tore. Der Gewinn der Deutschen Meisterschaft 1958 ist der Höhepunkt seiner sportlichen Laufbahn. Und exakt seit diesem Zeitpunkt hofft Schalke 04 vergebens, diesen Triumph noch einmal wiederholen zu können.

Wir sagen danke für die Unterstützung bei der Recherche

- Dr. Daniel Schmidt, Institut für Stadtgeschichte Gelsenkirchen
- Pfarrer Martin Barth, Gelsenkirchen
- Mechthild Hetterscheidt, Heimatmuseum Westerholt (Herten)
- Ulrich Kroker, Hamm
- Dirk Sondermann, Hattingen
- Frank Meßing, Mülheim an der Ruhr
- René Grohnert, Deutsches Plakat Museum Essen
- Dr. Magnus Dellwig, Stadtarchiv Oberhausen
- Pater Dr. Justinus C. Pech, Kloster Stiepel Bochum
- Grimme-Institut, Marl

Sylvia Lukassen
Rolf Kiesendahl
Die schönsten Ausflugsziele im und rund um das Ruhrgebiet
208 Seiten mit 160 Abbildungen und 2 Karten
978-3-8319- 0762-5

Wussten Sie, dass in einem Naturschutzgebiet bei Arnheim die zweitgrößte Van-Gogh-Sammlung der Welt zu bewundern ist? Oder Gräfin Walburgis von Neuenahr-Moers die Besucher des Grafschafter Museums höchstpersönlich durch die Ausstellung im Moerser Schloss begleitet? Immerhin ist die adlige Dame schon über 400 Jahre alt.
Es gibt sehr viel zu entdecken und erleben: im Ruhrgebiet und drum herum. Willkommene Orientierungshilfe bietet dieses Buch, für das sich die Autoren Sylvia Lukassen und Rolf Kiesendahl auf den Weg gemacht haben. Viel länger als eine Autostunde waren sie nie unterwegs. So wurden auch die Grenzgänge zu den nahen Niederlanden möglich. Bekannte und weniger bekannte Orte werden beschrieben – mit einer kleinen Geschichte dazu.

Rolf Kiesendahl
Komma bei den Oppa
Sprache des Potts
160 Seiten mit 40 Abbildungen
978-3-8319-0779-3

Mit Witz und Humor, selbstironisch, offen und ehrlich kommt die Sprache des Ruhrgebiets daher. Hier sagt man gleich, watt Sache is, ein Wort-Gebräu mit Wurzeln in den ärmeren Regionen Deutschlands, in Polen, den Niederlanden und sonst wo. Stopp! Sind im Ruhrgebiet überhaupt noch diese sprachlichen Petitessen zu hören? Wo die letzten Zechen dicht machten und die Kumpel von damals heute Touristen durch Anschauungs-Bergwerke führen? Wo es kaum noch die berühmten Eckkneipen gibt, mit dem Solei-Glas auf der Theke? Doch, dieRuhrpott-Sprache lebt weiter.Datt Buch will Sie dat ma verkasematuckeln, zum Beispiel durch ein kleines Ruhri-Alphabet und den lebenswichtigen Sprachführer durch den Alltag. Ebenso der Versuch, die wichtigsten Grammatikregeln zu erläutern. Erfolgreiches Scheitern ist vorprogrammiert. Dazu Kurz-Portraits von Protagonisten, die das Revier und seine Sprache aus dem Kohlenkeller geholt und bundesweit bekannt gemacht haben – von Anton und seinem Kumpel Cervinski bis Herbert Knebel.

Rolf Kiesendahl
Industriedenkmäler im Ruhrgebiet
Zeitzeugen aus Stein, Stahl und Kohle
160 Seiten mit 114 Abbildungen
978-3-8319-0763-2

Wo früher Stahl gekocht wurde ... bestaunen heute Millionen Besucher mit leichtem Schaudern die rostigen Hochöfen und wuchtigen Aggregate, in deren Umfeld geschuftet wurde. Keine andere Region weist mehr Industriedenkmäler auf als das Ruhrgebiet. Fast alle sind einen Besuch wert, jedes hat seine eigene Geschichte.
Rolf Kiesendahl, selbst viele Jahre als Reporter der WAZ im Ruhrgebiet unterwegs, hat neben den international bekannten Relikten der Industriekultur auch Standorte abseits von Kohle und Stahl be-sucht. Machen Sie sich also auf zu einer Zeitreise in eine spannende Industriekulturlandschaft, die in dieser Form einmalig auf der Welt ist.
Hinter jedem Ziel – und es sind weit mehr als die Auswahl in diesem Buch – verbirgt sich eine interessante Geschichte.

Rolf Kiesendahl
Arsch auf Grundeis
Redewendungen und wo sie herkommen
224 Seiten
978-3-8319-0752-6

Ging uns nicht allen schon der Arsch auf Grundeis? Vor einer wichtigen Prüfung, einem komplizierten Eingriff oder mit Blick auf die große Politik? Die mittlerweile salonfähige Redewendung steht für Angst und Besorgnis, fällt sogar in Parlamentsdebatten. Doch woher stammt sie eigentlich? Mit dem Allerwertesten auf den vereisten Boden eines Gewässers zugelangen, scheint kaum möglich. Oder: Was hat es mit dem berühmten Nähkästchen auf sich, aus dem manche so gern plaudern? Warum „zieht es wie Hechtsuppe"? „Weg vom Fenster zu sein" ist in seiner ursprünglichen Bedeutung weitaus tragischer, als sportlich oder gesellschaftlich keine Rolle mehr zu spielen. Warum heißt es „Ach Du grüne Neune" und nicht „Oh Du rote Sechs"? Der Journalist und Autor Rolf Kiesendahl erklärt in diesem Buch auf vergnügliche Weise den Ursprung der gebräuchlichsten deutschen Redewendungen. Er kommt dabei zu mitunter überraschenden Ergebnissen.

Bildnachweis

Coverabbildungen:
picture alliance, Frankfurt/M.: Rudolf Schock, Yves Klein, C. Stinnes im Auto, Hape Kerkeling, Sternwarte, Willi Wülbeck, Schiedsrichter
Villa Hügel: huber images, Garmisch-Partenkirchen
DiCaprio: wikimedia commons
Mode: Fotoarchiv Ruhr Museum, Essen (Marga Kingler, Modenschau Essen 1955)

Innenabbildungen:
Huber images, Garmisch-Partenkirchen: Seite 103
Rolf Kiesendahl, Oberhausen: Seite 176
Ulla Michels: Seite 147
Picture alliance, Frankfurt/Main: Seite 27, 34, 37, 39, 57, 73, 77, 95, 163, 184, 188
Fotoarchiv Ruhr Museum, Essen (Marga Kingler, Modenschau Essen 1955): Seite 131
Stadtarchiv Recklinghausen: Seite 21
Jochen Tack, Essen: Seite 123
Wikimedia commons: Seite 15, 30, 42, 45, 53, 60, 68, 82, 85, 89, 99, 110, 119, 141, 151, 169, 179

Impressum

Bibliografische Information der Deutschen Nationalbibliothek
Die Deutsche Nationalbibliothek verzeichnet diese Publikation in der Deutschen Nationalbibliografie; detaillierte bibliografische Daten sind im Internet über http://dnb.d-nb.de abrufbar.

ISBN 978-3-8319-0791-5

Text und Redaktion: Rolf Kiesendahl, Oberhausen, und Sylvia Lukassen, Gelsenkirchen
Covergestaltung: BrücknerAping Büro für Gestaltung, Bremen
Gesamtherstellung: CPI books GmbH, Leck

www.ellert-richter.de
www.facebook.com/EllertRichterVerlag